PURA
SABEDORIA

Coisas simples que transformam o dia a dia

DEAN CUNNINGHAM

PURA
SABEDORIA

Coisas simples que
transformam o dia a dia

Tradução: Luis Fragoso

INTEGRARE
EDITORA

Título original: *Pure Wisdom – The simple things that transform everyday life*

Edição original em inglês: Copyright © 2011 Dean Cunningham

This translation of PURE WISDOM - THE SIMPLE THINGS THAT TRANSFORM EVERYDAY LIFE 01 Edition is published by arrangement with Pearson Education Limited.

Edição em língua portuguesa para o Brasil: copyright © 2012 Integrare Editora e Livraria Ltda.

Todos os direitos reservados, incluindo o de reprodução sob quaisquer meios, que não pode ser realizada sem autorização por escrito da editora, exceto em caso de trechos breves citados em resenhas literárias.

Publisher
Maurício Machado

Supervisora editorial
Luciana M. Tiba

Assistente editorial
Deborah Mattos

Coordenação e produção editorial
Estúdio Sabiá

Preparação de texto
Célia Regina Rodrigues de Lima

Projeto gráfico de miolo / Diagramação
Nobreart Comunicação

Adaptação de capa
Nobreart Comunicação

Revisão
Hebe Ester Lucas, Olga Sérvulo e Ceci Meira

Dados Internacionais de Catalogação na Publicação (CIP)
(Câmara Brasileira do Livro, SP, Brasil)

Cunningham, Dean
    Pura sabedoria : coisas simples que transformam o dia a dia /
Dean Cunningham. – São Paulo : Integrare Editora, 2012.
    Título original: Pure wisdom : the simple things that transform everyday life.
    ISBN 978-85-99362-77-8

    1. Conduta de vida 2. Sabedoria I. Título.

12-01207   CDD-170.44

Índices para catálogo sistemático:
1. Conduta de vida : Ética prática : Filosofia 170.44

Todos os direitos reservados à
INTEGRARE EDITORA E LIVRARIA LTDA.
Rua Tabapuã, 1123, 7º andar, conj. 71-74
CEP 04533-014 – São Paulo – SP – Brasil
Tel. (55) (11) 3562-8590
Visite nosso site: www.integrareeditora.com.br

Para três mulheres especiais em minha vida:
minha mãe, minha irmã e minha esposa.

SUMÁRIO

AGRADECIMENTOS **9**
INTRODUÇÃO **11**

PARTE 1 A ATITUDE CORRETA

EQUILÍBRIO **15**
CALMA **19**
COMPROMISSO **23**
COMPAIXÃO **27**
AUTOCONFIANÇA **29**
CORAGEM **33**
CRIATIVIDADE **35**
DISCIPLINA **39**
DESTEMOR **41**
FLEXIBILIDADE **45**
GRATIDÃO **47**
HONESTIDADE **49**
METICULOSIDADE **53**
O ESTADO DE PLENA ATENÇÃO **55**
A AUSÊNCIA DE JULGAMENTO **59**
O ESPÍRITO DE RECEPTIVIDADE **61**
PACIÊNCIA **65**
PERSISTÊNCIA **67**
RESPEITO **69**
RESPONSABILIDADE **71**

PARTE 2 AS PRÁTICAS CORRETAS

AÇÃO **75**
MUDANÇA **77**
COMPETIÇÃO **81**
CONCILIAÇÃO **85**
DECISÃO **87**
DEFESA **89**

Foco **93**
Perdão **97**
Doação **101**
Desprendimento **103**
Ouvir **105**
Pausas **107**
Planejamento **111**
Diversão **115**
Questionamento **117**
Relaxamento **121**
Simplificar **125**
A expansão dos limites **127**
Confiança **129**
Vitórias **131**

PARTE 3 A COMPREENSÃO CORRETA

Consciência **135**
Controle **137**
Relaxamento e tranquilidade **141**
Energia **145**
Fé **149**
Liberdade **151**
Metas **153**
Saúde **155**
Felicidade **159**
Conhecimento **163**
Sorte **167**
Maestria **171**
Desapego **173**
Paz **177**
Poder **181**
Objetivo **185**
Sucesso **187**
Tempo **189**
Valores **193**
Sabedoria **195**

AGRADECIMENTOS

Sou grato aos meus inúmeros professores, minha família, amigos e inimigos, que me ajudaram no aprendizado de algumas das mais importantes lições da vida. Agradeço também à minha editora, Rachael Stock, por ter tornado este livro possível.

INTRODUÇÃO

Pura sabedoria oferece a você a possibilidade de olhar para a vida além das aparências. Raramente observamos as coisas mais de uma vez. Somos absorvidos pelo ritmo da vida. Vivemos num ritmo apressado e dedicamos pouco tempo à compreensão daquilo que realmente importa. Sem perceber, conformamo-nos com coisas de qualidade inferior, não aproveitamos o que é importante e não vivemos em plenitude.

Esta obra simples – porém cheia de *insights* – permite que enxerguemos a realidade de modo diferente. Ela revela aspectos normalmente ignorados, que fazem a diferença em nossa experiência de mundo, e, por meio desse conhecimento, orienta nossa busca por uma vida melhor e mais gratificante.

A sabedoria não consiste num conjunto de segredos acessíveis apenas a uma elite intelectual, aos virtuosos ou aos devotos religiosos. Cada um de nós já demonstrou indícios de sabedoria na vida. Este livro o ajudará a perceber com maior clareza como você atua quando age com sabedoria. Dotado desse conhecimento, você estará mais apto a recorrer a ela, no momento em que mais precisar.

Pura sabedoria contém importantes princípios fundamentais que têm o poder de mudar sua vida. Porém, ele conta com a sua

Pura sabedoria

capacidade de aplicar tais princípios, de modo habilidoso, a cada situação ou desafio específico. Capítulo a capítulo, você aprenderá a desenvolver tais capacidades; mas, assim como qualquer atividade na vida, o aperfeiçoamento nasce com a prática. Mas de onde vem a sabedoria contida nesta obra? Ela é produto de mais de mil anos de sabedoria antiga, decantada e aplicada à vida moderna com base em trinta anos de treinamento em artes marciais, em diálogos com os mestres, no debate sobre experiências de vida e nas lições aprendidas com o desenvolvimento das demais pessoas. O caratê talvez tenha me ensinado algumas das lições mais importantes. Essa arte marcial funciona como um microcosmo da vida. E proporciona inúmeras lições para que se possa aperfeiçoá-la.

Com o caratê aprendi que, antes de mais nada, você deve "ser" um certo tipo de pessoa, para então "fazer" o que precisa a fim de "ter" o que deseja. Em geral, os praticantes de caratê percorrem o caminho inverso: tentam "ter" uma quantidade maior de algo (músculos, as faixas [que indicam o nível de proficiência], poder ou o que for) para "fazer" algo (lutar, vencer ou impressionar os outros), de modo que possam "ser" algo (durões, destemidos ou campeões). Porém, para ser um mestre no caratê, o "ser" deve anteceder o "fazer".

Na vida, acontece o mesmo. A maioria das pessoas busca "ter" uma quantidade maior de algo (mais dinheiro, mais fama, mais poder, um *status* mais elevado) para poder "fazer" algo (comprar um carro mais veloz, uma casa maior, uma segunda casa), de modo que possa "ser" algo (feliz, bem-sucedida, uma pessoa apaixonada). Porém, para dominar a arte da vida, o "ser" também deve anteceder o "fazer".

Por essa razão, este livro é dividido em três partes (**A atitude correta**, **As práticas corretas** e **A compreensão correta**), e cada uma contêm vinte capítulos que abordam as atitudes,

Introdução

características e comportamentos necessários para transformar a vida cotidiana. Lembre-se: a atitude correta leva à prática correta, que, por sua vez, leva à compreensão e à possibilidade de alcançar as coisas mais importantes da vida – compaixão, liberdade, energia, paz, alegria e sabedoria, para mencionarmos apenas algumas.

A sabedoria é bastante contraditória. Numa hora dizemos "A união faz a força". No momento seguinte, "Cozinheiro demais entorna o caldo". Afirmamos "Longe dos olhos, perto do coração". A seguir, dizemos "Longe dos olhos, longe do coração". Os sábios são os que aprendem a conciliar essas contradições, e muitas mais. Por exemplo: quando agir e quando esperar; quando doar e quando receber; quando permanecer e quando partir. Eles sabem que o segredo para uma vida gratificante é o equilíbrio. Na verdade, a sabedoria começa com a arte do equilíbrio; coincidentemente, este livro também.

PARTE 1

A ATITUDE CORRETA

EQUILÍBRIO

É engraçado. Quando conquistamos uma coisa boa, tendemos a pensar que a vida se resume a isso. Por exemplo: ao encontrarmos o emprego dos sonhos, achamos que a vida se restringe a ele. Ao desfrutarmos os benefícios da atividade física na academia, concluímos que a vida se resume a esse lugar. Ao notarmos a reação positiva das pessoas quando cortamos o cabelo, imaginamos que a vida se resume a um corte de cabelo.

Porém, para obter o máximo proveito de todas as situações, tudo na vida tem de ser equilibrado. Isso porque, se você for à academia sete dias por semana, logo sofrerá com o excesso de exercícios. Se trabalhar cem horas por semana, em breve ficará esgotado. E, se cortar o cabelo todos os dias, logo estará usando uma peruca. Dito de modo simples: para aproveitar a vida ao máximo, você precisa de tempo para se recuperar e espaço para se expandir.

> **Para aproveitar a vida ao máximo, você precisa de tempo para se recuperar e espaço para se expandir.**

No caratê, deparo constantemente com a falta de equilíbrio. As pessoas acham que, quanto mais tempo e velocidade dedicarem aos treinos, melhores serão. Em certo sentido, elas têm razão — para dominar uma habilidade, é necessário trabalhar duro. Porém,

Pura sabedoria

esquecem de uma lição fundamental: para adquirir mais força, é preciso estabilidade. Quando criança, você não conseguia andar de bicicleta sem usar, de início, as rodinhas de apoio ou sem a ajuda de alguém. Precisava de equilíbrio para poder progredir. O mesmo vale para todas as áreas da vida. Sem equilíbrio, não há progresso. Mas não fiquemos perturbados com a noção de equilíbrio. Esse conceito geralmente é mal compreendido. Muitos pensam que se pode agir o tempo todo de modo ponderado. E que, se você não age assim, está fazendo algo errado. Na verdade, sempre estaremos entre o equilíbrio e o desequilíbrio. Fique de pé apoiado sobre um pé só e perceberá que tem de fazer ajustes o tempo todo para não cair. Da mesma forma, na vida sempre terá de fazer ajustes para permanecer onde deseja estar.

Assim, em vez de buscar um constante equilíbrio em todas as áreas da vida, reconheça o fato de que qualquer coisa importante e qualquer tarefa bem-feita demandarão, às vezes, sua atenção completa e o deixarão desequilibrado. Seu filho talvez precise de maior atenção, seu parceiro talvez esteja insatisfeito – seu trabalho será, então, afetado. Em outras circunstâncias, um projeto importante estará em primeiro plano, e com isso a saúde e os relacionamentos serão deixados de lado. Repare que o equilíbrio não é um estado constante. Haverá momentos em que você terá de colocar seus compromissos e paixões na mesma balança.

Entenda uma coisa: não há nada de errado em ficar desequilibrado, contanto que você possa recuperar o equilíbrio. Só tome cuidado para não permanecer na situação de desequilíbrio por muito tempo – é possível que acabe se esquecendo da diferença entre ambas as situações. Em outros termos: uma dose excessiva de algo bom pode deixá-lo doente. Porém, é possível que você logo imagine que estar doente é uma coisa normal.

Lembre-se, contudo, de que o equilíbrio não está associado apenas à atividade; tem a ver também com as atitudes. Por exemplo:

A atitude correta

para ter uma vida saudável, é necessário buscar o equilíbrio entre o desejo de mudar e a aceitação de quem somos no momento. O equilíbrio entre a persistência e o desapego a uma determinada situação. E também o equilíbrio entre a autodisciplina, a liberdade e a espontaneidade. Em suma: o segredo para uma vida melhor, mais saudável e mais bem-sucedida é simplesmente este: o equilíbrio.

C A L M A

"Você poderia ficar um pouco mais calmo...?" A pergunta é o bastante para detonar uma explosão. Poucos sentem prazer ao ouvir uma frase dessas, particularmente quando estão tomados pela emoção. Essas palavras são mágicas: têm a capacidade de transformar um fogo brando num inferno completo. Porém, mesmo que a frase não lhe agrade, ter calma em situações carregadas de emoção traz grandes vantagens. E não é de surpreender que tais vantagens fiquem mais visíveis em situações de conflito. A prática do caratê revela que, se um adversário conseguir perturbá-lo ou deixá-lo irado, levará vantagem. Isso porque os lutadores irados são lutadores tensos. Suas reações são mais lentas. E a mente fica obscurecida pelas emoções. Em contraste, um adversário calmo é dotado de uma aura que intimida. Tem uma presença inabalável que transmite força e confiança. Basta olhar brevemente nos olhos dele para que se comece a duvidar da própria capacidade.

Há quem considere que, para poder lutar, é preciso sentir raiva. O que ocorre é exatamente o oposto. No caratê, você logo aprende a manter a calma de modo permanente. Isso porque, assim como no estado de relaxamento, a calma o coloca numa posição neutra, a partir da qual pode pensar e agir. Você enxerga com mais clareza, age mais rapidamente e se transforma

Pura sabedoria

num adversário muito mais eficiente. Porém, a calma não é útil apenas em situações de luta. Ela também traz benefícios para a vida cotidiana.

Por exemplo, quando você consegue manter a calma em situações de grande emoção, é menos provável que tenha uma reação desmesurada, causando um dano desnecessário ao relacionamento. Mas que fique claro: não há nada de errado com as emoções fortes; o que importa é a reação que você tem diante delas. Assim, se estiver sentindo raiva, pode optar por acolher esse sentimento, deixá-lo passar e então tomar a melhor atitude, quando a mente se desanuviar um pouco, em vez de agir de modo reativo e fora de controle.

Como? Reconheça a presença da emoção. Diga a si mesmo: "Estou sentindo raiva", e então preste atenção às sensações físicas associadas a esse sentimento. Se a mente começar a divagar, traga-a de volta ao corpo. Essa prática, sozinha, tem o poder de reduzir a intensidade da emoção. Assim, no estado de calma criado por essa prática, é menos provável que você aja de forma exagerada. Além disso, não haverá nenhuma necessidade de negar os sentimentos, ou de reprimi-los, acumulando-os dentro de si.

Uma mente calma também é útil em situações de crise. É como estar no meio de um furacão, completamente imune aos fortes ventos que o circundam. Nessa posição, você é capaz de enxergar através do problema e tomar decisões mais adequadas. Pode soar óbvio, mas, se você perder a cabeça, não poderá mais usá-la. Portanto, aprenda a manter a calma em situações de grande pressão. Sim, estou ciente de que, para alguns, será mais fácil adotar esse estilo. Há

> Pode soar óbvio, mas, se você perder a cabeça, não poderá mais usá-la.

A atitude correta

pessoas que estão mais predispostas à calma do que outras. Mas todos nós somos capazes de melhorar, não importa o ponto em que nos encontremos.

Entenda uma coisa: você tem o poder de não se deixar levar pela emoção. Fique parado e espere ela se manifestar. Não a julgue. Simplesmente reconheça a presença dela e observe-a indo embora. E, nesse espaço calmo que você criar, sua ação será a mais apropriada. Não será uma reação.

COMPROMISSO

Para algumas pessoas, compromisso é uma palavra terrível. Ela evoca o medo de ficar estanque num relacionamento ruim ou preso a um emprego frustrante. Porém, o compromisso vai muito além de uma união por meio de algemas ou de uma aliança de casamento. Lembre-se: para conseguir qualquer coisa significativa na vida, você precisa de compromisso. Assim como um atleta profissional, deve decidir que quer ser o melhor, que pretende dar o melhor de si, e priorizar o autoaperfeiçoamento. Chova ou faça sol, os atletas treinam. Se sentem cansaço, treinam. Se, num determinado dia, têm vontade de fazer qualquer outra coisa, mesmo assim treinam.

Os atletas compreendem que o compromisso não é garantia para o sucesso, mas que sem ele é possível que eles mal consigam dar a largada, quanto mais terminar a corrida. Eles mantêm o foco. Estão lá por uma razão. Dão tudo de si. Isso porque sabem que, se não tiverem compromisso, sairão em desvantagem. O mesmo acontece com a vida. Sem compromisso, não há progresso; logo, os resultados não aparecem.

Você talvez tenha um sonho, ou um objetivo, mas é uma pessoa comprometida? O compromisso é um impulso interno e a determinação de atingir o objetivo. Não é algo que se possa

Pura sabedoria

fabricar. Ou ele existe, ou não. O compromisso depende do valor que você atribui ao seu objetivo. Se ele não for tão importante para você, não haverá compromisso. O mesmo ocorre com os empregos e os relacionamentos. Se você não os valorizar, não os manterá por muito tempo. Assim, se está fazendo um grande esforço para se comprometer com uma pessoa, um cargo ou um determinado caminho, pergunte a você mesmo: "Será que é isso que eu quero?". Se não for, não desperdice seu tempo.

Caso seja mesmo o que deseja, mas você não está se esforçando o bastante, saiba que não está sozinho. Algumas pessoas têm dificuldade em comprometer-se com qualquer coisa. Se for esse o seu caso, tente compreender a razão disso. Fique atento aos sentimentos e pensamentos que o impedem de seguir adiante. Você teme ser rejeitado, magoado ou limitado? Seus pensamentos são racionais? Lembre-se: o compromisso nasce do coração, e não da mente. Tampouco nasce por influência de outra pessoa. Portanto, não permita que pensamentos irracionais ou opiniões de alguém o impeçam de seguir adiante. Só você sabe o que lhe é importante. Você é a única pessoa capaz de determinar quais são seus compromissos. Além disso, se não estiver comprometido, será facilmente desviado do foco por outras tentações: a bebida, um vestido, uma sobremesa ou o que for. Assim, siga seu coração.

Quando você está comprometido, não existem atalhos, não há caminhos fáceis. Não crie uma saída de emergência.

Quando você está comprometido, não existem atalhos, não há caminhos fáceis. Não crie uma saída de emergência. É como uma montanha-russa: uma vez dentro, você está dentro. Deve ir até o fim. Para honrar seus compromissos, é preciso persistência e determinação. É justamente isso que transformará os sonhos em realidade. Entenda uma coisa: os compromissos devem ser sempre

A atitude correta

realistas e factíveis. Portanto, não seja ambicioso. Comece devagar e acelere o ritmo aos poucos. Em breve, por meio da rotina e dos hábitos, o comprometimento se tornará um estilo de vida.

C O M P A I X Ã O

A maioria de nós já passou por isso. Alguém lhe diz uma coisa que o magoa muito e, quando você se dá conta, já respondeu com palavras duras. Ou então saiu do ambiente, recolhendo-se num canto. Raiva ou ansiedade; luta ou fuga: tudo se resume aos instintos básicos. Ao sentir que estão sendo atacados (emocional, verbal ou fisicamente), muitos revidam, ou então fogem da situação. Essa é uma prática profundamente enraizada. Porém, uma forma mais evoluída de responder à situação é a compaixão.

Muitas pessoas estão travando uma batalha difícil. Com trabalhos estressantes, empregos frustrantes, relacionamentos complicados, problemas financeiros ou de saúde. Poucos passam pela vida sem uma dificuldade de peso. A maioria ataca e agride. E convém reconhecer: essas pessoas magoam. Portanto, seja gentil. O que elas precisam é de cura, em vez de mais violência. Sei que é difícil, especialmente quando você foi magoado por alguém com quem sempre foi gentil. Mas lembre-se: compaixão é a capacidade de tratar os outros de uma maneira melhor do que você considera que eles mereçam.

> A maioria das pessoas ataca e agride. O que elas precisam é de cura, em vez de mais violência.

Pura sabedoria

Porém, não me entenda mal: não estou dizendo que você deve tolerar os abusos. Se alguém o ataca, defenda-se. Gentileza não é sinônimo de fraqueza. Aja da forma adequada, mas seja compassivo. A palavra-chave, aqui, é "adequada", pois, se (metaforicamente falando) você é capaz de conter o agressor apenas com a firmeza das mãos, por que usar o punho?

Entenda uma coisa: gentileza gera gentileza. Considere, por exemplo, os períodos de férias. Quando estamos relaxados, ficamos mais amistosos e generosos. E, frequentemente, as pessoas retribuem nossa gentileza e generosidade. Voltamos para casa com uma excelente imagem dos habitantes da cidade ou do país que visitamos – e nos perguntamos por que isso não acontece com as pessoas ao nosso redor. Mas não consideramos, aqui, o papel que desempenhamos no tratamento que recebemos. A vida ao nosso redor também pode ser como nas férias se nos tornarmos generosos, amistosos e calorosos no dia a dia.

A compaixão pelos outros começa com a compaixão por si mesmo. Assim, converse com você de maneira delicada. Seja gentil. Trate-se com o mesmo cuidado e atenção que espera receber das outras pessoas. Então, quando tiver atingido esse estágio, partilhe essa generosidade com os entes queridos, com quem não se relaciona e com quem não tolera.

AUTOCONFIANÇA

Com frequência, somos aconselhados a "pensar grande". Porém, é muito comum estabelecermos metas demasiadamente difíceis. O problema é que, se deparamos com uma tarefa difícil demais ou se fracassamos repetidamente, a autoconfiança é abalada. Como regra geral, a solução é estabelecer metas desafiadoras, mas que possam ser atingidas. Por exemplo: se você sabe que consegue fazer apenas dez abdominais, tem pouco sentido querer fazer vinte. Assim, você estabelece a meta de chegar, digamos, a onze, na expectativa de que sua autoconfiança se beneficiará desse sucesso. Parece sensato, não? Porém, como você verá a seguir, o sucesso não é o melhor caminho para expandir a autoconfiança.

A confiança é contagiante.

A autoconfiança também pode ser expandida pela observação do desempenho alheio. Para aperfeiçoar minhas técnicas no caratê, passei horas assistindo a gravações de lutas entre campeões mundiais. A observação dos mestres em ação é uma excelente fonte de inspiração. Assim, se você quiser ter mais autoconfiança, por exemplo, ao falar em público, ao encontrar novas pessoas ou diante de um adversário, observe os outros e imite-os. A confiança é contagiante.

Pura sabedoria

Além de tudo o que aprendeu com as experiências alheias, faça uso da persuasão verbal; logo estará adotando atitudes mais decisivas e determinantes. Isso porque as palavras têm o poder de expandir a autoconfiança. Assista a qualquer competição importante e verá o que estou dizendo. Os atletas estão sempre falando consigo mesmos. Xingam quando as coisas dão errado, gritam de alegria quando dão certo. Você também pode utilizar essa técnica. O truque é encontrar as palavras que funcionem melhor para você. Frases que evocam emoções positivas são as mais eficientes. Se a frase "Não posso fracassar" o deixa nervoso e irritado, tente algo diferente, como: "Mantenha-se firme ao propósito inicial, dê o melhor de si e tudo sairá bem".

Se esses passos não forem suficientes para aumentar seu nível de autoconfiança, talvez você precise de uma melhor compreensão de quem você é. Eu me explico. Para muitos, a confiança depende da conquista dos resultados. Assim, quando não atingimos um resultado importante, tendemos a associar esse fracasso a um fracasso pessoal. Perdemos a autoconfiança. Isso porque achamos que o comportamento é o que nos define. Não é o caso. Observe-se mais de perto e verá que você é constituído de uma série de aspectos. Sim, você é definido por seu comportamento. Mas também pelos pensamentos, sentimentos, características, lembranças, bem como pelos órgãos do corpo. E nenhum desses aspectos é permanente. Nem mesmo suas lembranças são permanentes. A sua essência, como pessoa, está em constante mutação. Portanto, tem algum sentido considerar-se um fracassado com base em medidas tão limitadas? Penso que não.

Seja como for, se a autoconfiança está baseada em suas ações e nos resultados que delas decorrem – um título, uma qualificação, um cônjuge ou qualquer outro prêmio –, ela está apoiada em terreno instável. Lembre-se: a autoconfiança não se resume a ser ou não bem-sucedido. A verdadeira autoconfiança se baseia na

A atitude correta

compreensão de que você é como qualquer outro ser humano neste planeta: falível, único e em constante mudança. É claro que há aspectos em você que são diferentes, melhores ou piores que os de outras pessoas. Por exemplo: você talvez cozinhe melhor; o outro talvez tenha aptidão para lecionar. Você pode ter o dom de escutar; o outro talvez seja hábil com as palavras. Mas nada disso o faz superior ou inferior a ele.

A verdadeira autoconfiança não depende apenas do sucesso. E ela não pode ser minada por circunstâncias externas – sua aparência física, seus fracassos, erros ou a opinião alheia. Assim, aceite-se de maneira incondicional e sua autoconfiança será sólida como o chão em que você pisa.

> A verdadeira autoconfiança se baseia na compreensão de que você é como qualquer outro ser humano neste planeta: falível, único e em constante mudança.

C O R A G E M

Ao praticar caratê, chegará um ponto em que você precisará lutar para valer. O caratê não é uma luta com o intuito de "manter a saúde", mas uma luta em que se é golpeado. Assim, em algum momento a pessoa terá de enfrentar o medo de sair ferida. Vamos admitir: ninguém gosta de ser machucado. No caratê, contudo, você não pode deixar que esse medo o paralise. Deve avançar e desferir o golpe. Assim, aprende a controlar o medo: desenvolve um plano de ação, sabe exatamente o que fazer se o adversário contra-atacar e se movimenta na direção daquilo que teme. Se não fizer isso, desistirá. Porém, a desistência não é uma verdadeira opção. Não, pelo menos, se o objetivo for chegar à faixa preta ou ter pleno domínio da técnica de luta.

Imagine se você tivesse desistido de aprender a andar devido ao medo de cair e se machucar. Pense em como sua vida seria limitada, na infinidade de experiências de que seria privado. A hipótese parece ridícula, sei disso. O estranho é que as pessoas desistem o tempo todo por medo de "machucar-se" com o fracasso, com as críticas e com a rejeição. Porém, uma vida de sucessos implica inúmeras rejeições, críticas e fracassos. Quando você ainda usava fraldas, cada tentativa de andar levava ao fracasso. Você não tinha consciência disso, mas cada etapa conquistada lhe dava o conhecimento de que precisava para andar. Cada fracasso individual o deixava um pouco mais próximo de uma vida mais plena.

Pura sabedoria

A vida é cheia de riscos. Portanto, para alcançar qualquer coisa que valha a pena, você sempre terá algo a temer. No caratê, o lutador logo abandona o desejo de uma segurança total. Por maior que seja sua cautela durante os treinos, você sempre acabará com um olho roxo, com um dedo machucado. Na vida, a situação é a mesma: por melhor que seja o seu planejamento, ela lhe traz uma sucessão contínua de problemas, decepções e obstáculos. O único momento em que você encontrará uma verdadeira segurança nesta terra será quando estiver enterrado sete palmos abaixo do chão.

Todo mundo tem medo de algo – até mesmo quem é faixa preta em caratê. Mas ninguém precisa saber disso. Numa luta real, se seu adversário sentir o cheiro de sangue, logo você estará lambendo as próprias feridas. Assim, guarde seus medos para si, mas compartilhe sua coragem. Que fique claro: coragem não significa ausência de medo, mas a vitória sobre ele.

Coragem não significa ausência de medo, mas a vitória sobre ele.

A vida oferece lições, e elas nunca terminam. Portanto, não se queixe, não invente justificativas nem alimente o desejo de que, de algum modo, as coisas sejam mais fáceis ou de que haja maior segurança. Aprenda a lição e não tenha receio de ficar numa posição vulnerável: é nela que obterá os melhores frutos. Não há problema em ser cauteloso, mas lembre-se: nem mesmo uma tartaruga é capaz de chegar a algum lugar se não colocar a cabeça para fora.

CRIATIVIDADE

Na vida, para resolver qualquer problema, você precisa de criatividade. Pois, como diz o velho ditado, se você continuar fazendo as mesmas coisas sempre, obterá os mesmos resultados. Porém, a busca da criatividade pode ser uma tarefa amedrontadora. Experimente dar a algumas pessoas uma folha em branco (no sentido literal ou metafórico), para dar início a um processo criativo; a maioria delas sentirá dificuldade. Porém, a criatividade não envolve necessariamente ideias originais. Na verdade, grande parte das ideias novas é uma combinação das ideias velhas com uma nova embalagem. A boa notícia é que algumas perguntas úteis podem ajudá-lo a produzir ideias que transformarão sua vida. Mas, antes de compartilhá-las com você, deixe-me dizer uma coisa.

Geralmente, somos incapazes de solucionar os problemas por não conseguir pensar além dos padrões estabelecidos. Nossas ações rotineiras e nossa maneira de pensar limitam a criatividade. Porém, para viver com mais plenitude, precisamos nos libertar do nosso modo de fazer as coisas. Temos de olhar para a vida sob outros pontos de vista. Em certo sentido, precisamos crescer. Pois na infância aprendemos a nos comportar imitando as pessoas ao redor. Como adultos, também imitamos os outros a fim de aprender novas habilidades. Mas há um estágio do desenvolvimento em que temos de parar com as imitações.

Pura sabedoria

Certa vez, um mestre japonês me disse: "Para dominar a arte do caratê, primeiro você deve imitar o seu professor. Mas, num determinado estágio, é preciso ir além daquilo que lhe ensinaram e criar suas próprias técnicas". De fato, a imitação é necessária nos primeiros estágios do aprendizado, mas ela carece de criatividade. Chega um momento em que temos de transcender o conhecido e desenvolver nossas habilidades. Esse é o caminho do crescimento. Basicamente, as técnicas são um trampolim para o plano em que conseguimos ser criativos. Quando atingimos esse patamar, no caratê, nossa atividade se transforma, passando de ciência a arte.

Há um estágio em que temos de parar com as imitações.

Na vida, é a mesma coisa: aprendemos modos de viver que cumprem um objetivo nos estágios iniciais, mas, quando deparamos com situações novas, o velho comportamento tende a ser ineficaz. Chega um estágio em que temos de abandonar o método antigo, seguir em frente, adotar outro comportamento e alçar novos voos. Eis como.

Primeiro, você precisa saber o que pretende obter, qual é o resultado final. As perguntas fundamentais são: "O que desejo criar?" e "O que eu quero que aconteça?". A seguir, deve ter detalhes sobre a situação desse momento. Pergunte-se: "Qual é minha situação atual?", "O que está acontecendo neste momento?". Então, deve usar a criatividade. As perguntas que seguem são uma garantia para que o "motor" entre em funcionamento: "Aquela pessoa que eu admiro... o que ela faria se estivesse em meu lugar?"; "De que maneira outra pessoa lidaria com esta situação?"; "Que tipo de atitude seria proativa, neste contexto?"; "O que eu faria se decidisse me aproximar do medo?". Após analisar um número suficiente de alternativas, escolha uma delas e aja.

A atitude correta

Uma vez que der impulso à criatividade, as ideias surgirão livre e naturalmente. Mas o segredo é agarrar as boas ideias e pô-las em prática. Lembre-se: sem a ação, a percepção perde o sentido.

D I S C I P L I N A

Os seres humanos têm um dom maravilhoso: o livre-arbítrio. A meu ver, esse dom é parecido com o volante de um automóvel[1]. Na vida, temos a liberdade de manejar o volante na direção que desejarmos; liberdade de fazer escolhas e optar por diferentes caminhos; liberdade de adotar um papel ativo, em vez de passivo, em nossa trajetória. Para muitos, contudo, é como se estivéssemos adormecidos ao volante, guiando com o piloto automático acionado, deixando que o mapa padrão – nossas ações costumeiras – nos guie em direção aos mesmos lugares, ainda que não queiramos mais ir até eles. Em certo sentido, perdemos o controle do volante – permanecemos no velho emprego que odiamos ou nos matriculamos na academia para adquirir condição física, mas nunca aparecemos lá. Porém, para realizar seus sonhos, você deve agarrar o volante com firmeza e conduzir a vida na direção de sua escolha.

É preciso disciplina, controle e força de vontade[2] para abandonar os comportamentos habituais. No esporte, a disciplina é o que distingue o amador do profissional. Na vida, é o que separa o lugar onde estamos agora do local onde desejamos estar.

Para muitos, disciplina é sinônimo de "controle" – ter sua ação determinada por uma autoridade; de "punição" – ser inserido num

---

[1] No original, um jogo com a sonoridade das palavras *will*, arbítrio, e [*steering*] *wheel*, volante. [N. T.]

[2] No original, *wheel-power*, trocadilho com o termo *will power*, ou força de vontade. [N. T.]

Pura sabedoria

plano de metas no trabalho; ou de "abstinência" – recusar uma taça de vinho no jantar. Porém, nem sempre a disciplina nos é imposta. Na verdade, ela está presente na rotina diária. Escovamos os dentes, tomamos banho, saímos para o trabalho. No fim do dia, voltamos para casa, atiramo-nos no sofá em frente à televisão e fazemos o esforço disciplinado de assistir ao nosso programa predileto.

Em alguma medida, todos são disciplinados, mas é muito comum termos de desenvolver tal disciplina para alcançar objetivos mais significativos. Isso equivale a tentar fortalecer um músculo. É o caso de usá-la ou perdê-la. Com o uso frequente, ela fica mais rígida. Se for deixada de lado se tornará tão inútil quanto um músculo que, mantido numa tala de gesso durante um mês, ficou atrofiado.

Sim, isso pode parecer óbvio. Porém, o que muitos não entendem é que, ao estabelecermos metas, tendemos a dar um grande salto em direção a um novo estilo de vida. É como tentar levantar os pesos mais pesados na academia logo no primeiro dia de aula. Os músculos não desenvolvidos serão incapazes de aguentar o peso. Da mesma maneira, a disciplina não desenvolvida entrará em colapso sob o peso dos compromissos. Se você deseja ter uma alimentação mais saudável, por exemplo, comece fazendo pequenas mudanças na dieta em vez de cortar radicalmente o sal, o açúcar ou a cafeína.

Assim como quando se exercita um músculo, o que precisamos é de um início sensato, assumir uma tarefa por vez, passar pelo incômodo inicial, aumentar os desafios pouco a pouco e reconhecer as melhoras gradativas. Esse é o modo de adotar a disciplina.

D E S T E M O R

A palavra medo, em inglês, seria um acrônimo de "Provas falsas que aparentam ser verdadeiras"[3]. Esse acrônimo geralmente é citado para ajudar as pessoas a espantar seus medos imaginários. Embora seja um jogo de palavras criativo, ele geralmente é mal compreendido ao ser aplicado. Deixe-me explicar.

Basicamente, existem dois tipos de medo. Um deles é o sentimento que temos quando sofremos uma ameaça física. É o sentimento que nos invade quando estamos prestes a ser atropelados ao atravessar a rua. O tipo de medo que grita: "Corra!", "Cuidado!", "Mergulhe!" ou "Saia do caminho!". Certamente, não há nada de imaginário nisso e nenhuma necessidade de usar o acrônimo.

O outro tipo de medo está na mente. Trata-se de nossos pensamentos sobre o que poderá acontecer no futuro, baseados na imaginação ou em experiências do passado. É a esse tipo de medo que o acrônimo se refere.

O problema é que as pessoas geralmente interpretam o acrônimo da seguinte maneira: se o medo não é uma ameaça física iminente, ele não é real. Eu discordo. A função do medo é impedir que você seja ferido. Ele o alerta sobre o perigo, esteja a meses de distância, logo ali na esquina ou bem debaixo de seu

---

[3] No original, *FEAR: False Evidence Appearing Real.* (N. T.).

Pura sabedoria

nariz. Por exemplo, se vou participar de uma competição de caratê na próxima semana e sei que minha defesa apresenta falhas, é claro que ficarei com medo. Especialmente quando o que está em jogo é sair ou não com o nariz intacto. Na verdade, é provável que eu abandone a competição ou então trabalhe para aperfeiçoar minhas habilidades de defesa. O medo do futuro pode ser útil e até mesmo saudável. Ele o motiva a agir.

O medo não é o problema; o problema está no pensamento que se oculta atrás do medo. Por exemplo: se a cada vez que usa o elevador você receia que ele entre em pane, mesmo sem ter a mínima prova de que isso acontecerá, não é saudável. Espere um instante: retiro o que disse. Poderá ser saudável se você acabar usando as escadas. Mas a situação será pouco prática se precisar subir trinta andares.

É bom deixar claro que não estamos falando em abandonar o medo, aqui. O que temos é de ser capazes de desvendar o que há por trás do medo, para então examinar as provas. Se forem falsas, o medo também será.

Há momentos em que tememos o desconhecido ou imaginamos que as coisas serão piores do que, no final, se revelam ser. Uma vez mais, isso não significa que devamos eliminar o medo. Na dose certa, o medo é uma coisa boa. Ele o mantém em movimento. Ele o convida a fazer uma opção diferente. Poderá até mesmo levá-lo ao lance de escadas seguinte. Porém, quando o medo é tirado de seu contexto, e quando você se apega firmemente a ele, torna-se um problema. Ele perde seu impacto motivacional. Mantém você paralisado, em vez de seguro.

Não precisamos ser destemidos. Só temos de sentir menos medo.

A essa altura, imagino você dizendo: "Este capítulo não tem a ver com ser destemido".

A atitude correta

E você tem razão, não tem mesmo. O medo é uma emoção tão poderosa que tentar eliminá-lo seria desperdício de tempo. Nem mesmo um acrônimo criativo como o mencionado acima seria capaz de ser útil, nesse caso. Eu não sou um guerreiro destemido, nunca fui e nunca serei. E não pretendo me transformar num deles. Na verdade, a lição do caratê é: não precisamos ser destemidos. Só temos de sentir menos medo.

E de que maneira? Ouça seu medo. Aprenda a lição. Aja de modo apropriado. Então, não se apegue a ele e siga em frente.

FLEXIBILIDADE

No caratê, ser capaz de fazer o *splits* é uma forma de mostrar que se tem flexibilidade. E, para alguns iniciantes, trata-se de um objetivo que os mantém motivados para treinar. Sem dúvida, o *splits* é uma fantástica demonstração de mobilidade e flexibilidade dos músculos, ambos importantes para a prática das técnicas do caratê. Porém, a flexibilidade proporciona mais do que a capacidade de esticar as pernas. Ela protege o corpo. É saudável. Se os músculos estão tensos e rígidos, ficam suscetíveis a lesões e à dor crônica. Portanto, convém mantê-los flexíveis.

No entanto, o caratê não se limita à flexibilidade física. A flexibilidade da mente também é importante. Isso porque, numa luta, a mente tem de estar fluida e pronta para reagir. A mente tensa e rígida pode colocá-lo em situação de extrema desvantagem. Na vida, uma mente fixa e obstinada também apresenta riscos. Quando ela é inflexível, torna-se desequilibrada, ficando vulnerável à dor emocional. Portanto, convém mantê-la flexível.

O problema é que, quando se trata de nossas preferências na vida, temos a tendência de adotar posturas rígidas. Perdemos a flexibilidade e acabamos nos machucando. Mas, para nos tornarmos mais saudáveis emocionalmente, precisamos ser capazes de apresentar respostas à vida e às mudanças que ela exige de nós. Mesmo que isso signifique renunciar a nossos desejos e prioridades.

Pura sabedoria

Por exemplo, muitos acreditam que a vida não deveria ter momentos dolorosos. Porém, numa atitude mais flexível, diríamos: "Seria ótimo se não houvesse dor na vida, mas a dor é um aspecto inevitável da vida humana". Outro exemplo: muitos acreditam que deveriam receber algum tipo de recompensa por trabalhar duro ou por seu bom comportamento. Uma visão mais flexível diria: "A vida nem sempre é justa. Às vezes você se dedica a determinado trabalho e não obtém o que deseja". Eu poderia multiplicar os exemplos, mas você certamente já captou o espírito da coisa.

Devemos ser capazes de apresentar respostas à vida e às mudanças que ela exige de nós.

O ponto básico é: temos de saber o momento em que é sensato mudar de ideia e renunciar a nossas preferências e ideias fixas. O lado bom disso é que a linguagem está repleta de pistas. Se você usa o verbo "dever", esse é um sinal claro de uma posição rígida. Para ser mais flexível, esteja aberto à possibilidade de que as coisas não aconteçam do modo como você desejava ou busque novas abordagens. Assim, se você se pegar dizendo: "Isso 'deveria' acontecer dessa forma", pergunte a si mesmo: "Que abordagem alternativa funcionaria melhor nesse caso?". Aprenda a movimentar-se com o fluxo da vida. Considere a possibilidade de mudar de opinião e esteja aberto a novas oportunidades. Então, será uma pessoa flexível.

GRATIDÃO

Muitas pessoas foram criadas por pais que as ensinaram a ter gratidão. Aprenderam a agradecer pelo alimento em suas refeições, pelo teto que as abriga e por sua saúde. Na infância, provavelmente você não dava muito valor à gratidão. Eu, pelo menos, não dava. Se quisesse comprar um par de tênis da última moda, as reações da família, do tipo "Você deveria ser grato por ter tênis para calçar" ou "Pense nas pessoas que nem sequer podem andar", não me soavam muito convincentes.

É claro que eu era plenamente capaz de lamentar por alguém que não consegue andar. Mas não tive contato suficiente com essas pessoas para perceber como eu era afortunado por poder andar. Como raramente percebia as frustrações delas, não podia sentir seu sofrimento. Assim, esse tipo de raciocínio não funcionava para mim. Poder andar era uma habilidade que eu considerava natural. Além disso, ainda queria ter um novo par de tênis.

Hoje, com uma compreensão melhor de como a mente funciona, consigo perceber a importância da gratidão. Pois, quando você aprecia algo, sua atenção é voltada para isso. E agora entendo que as coisas em que prestamos atenção condicionam nosso pensamento, criam nossas percepções e controlam nossa experiência da realidade. Desse ponto de vista, certamente faz sentido sentir gratidão. Isso mantém sua atenção mais voltada àquilo que possui

Pura sabedoria

do que àquilo que deseja. Quando você desenvolve o hábito de fixar a atenção nas coisas que tem, a vida se torna plena – você se sente realizado.

É muito comum não usarmos plenamente as coisas que possuímos. Estamos sempre em busca do novo, mesmo que nossos bens não precisem ser substituídos. Damos pouca importância a isso. Precisamos adquirir os últimos lançamentos, os produtos mais novos, os melhores. Mas, se não apreciamos o que já possuímos, como seremos felizes com mais?

Quando você aprecia algo, sua atenção é voltada para isso.

A gratidão não tem a ver apenas com coisas materiais. Devemos ser gratos, também, pelas situações da vida. No caratê, aprendemos a sempre mostrar gratidão. Ao final de cada sequência de luta, com um parceiro ou com um adversário, inclinamo-nos e dizemos "obrigado" em japonês. Para um observador leigo, talvez pareça estranho ver alguém agradecendo um adversário pela surra que ele acaba de lhe dar. "Você me atingiu no estômago, obrigado. Agradeço-lhe pelo lábio estourado." Isso parece absurdo, sei disso. Porém, estamos aprendendo a sentir gratidão tanto pelos momentos difíceis quanto pelos tranquilos. As lutas mais duras é que nos fazem melhorar. O mesmo acontece na vida. Ao contrário do que prega o senso comum, devemos ser gratos pelas fases difíceis que temos de enfrentar. São elas que fazem aflorar o que há de melhor em nós.

HONESTIDADE

Você costuma mentir? Confessemos: todos nós mentimos. Talvez você não minta descaradamente, mas todos distorcem ligeiramente a verdade, o dia inteiro, dia após dia. Para muitos, as mentiras inconsequentes são aceitáveis, mas a mentira deslavada, de jeito nenhum! Certamente, há boas razões para esconder a verdade, mas muitas vezes há razões ainda melhores para ser honesto.

Ser descoberto é, obviamente, uma das consequências negativas do ato de mentir. Mas existem vários outros motivos sensatos para não mentir. Por exemplo, você não precisará apagar as pistas que deixou pelo caminho. Ter de fazer isso constantemente drena a sua energia. Além disso, uma vez que você constrói a reputação de alguém que diz a verdade, as pessoas lhe darão ouvidos, pois sabem que podem confiar em você. E mais: quando você é capaz de admitir que está errado, assumindo os próprios erros, fica difícil para alguém criticá-lo. Você é bastante respeitado pelo fato de ser honesto.

> Certamente, há boas razões para esconder a verdade, mas muitas vezes há razões ainda melhores para ser honesto.

Sem dúvida, há pessoas que conseguem ser bem-sucedidas por meio da desonestidade. Porém, na maioria das

Pura sabedoria

vezes, elas acabam sendo desmascaradas. E, quanto mais alto chegam, maior é o tombo – que geralmente traz outras pessoas para o chão, junto com elas.

Por que, então, mentimos? A mentira nasce na infância, como um mecanismo de defesa contra autoridades que geralmente nos intimidam. O professor nos pergunta: "Você fez a tarefa?". Respondemos: "Hã... sim, fiz, mas deixei em casa". Já adultos, um policial nos para e pergunta: "Você sabe a que velocidade estava dirigindo?". Respondemos: "Estava a 60 por hora, acho". E, quando nos dizem que passamos do limite de velocidade, dizemos: "Eu não imaginava que estava indo tão rápido".

Geralmente, mentimos por medo das consequências de dizer a verdade. Às vezes, agimos de modo desonesto por achar que a verdade será dolorosa para alguém. Mas como você se sente quando sabe que uma pessoa não está lhe dizendo a verdade? A maioria de nós deseja a sinceridade. Todos respeitam quem é honesto. Ao dizer a verdade de uma maneira que demonstra discernimento, somos capazes de construir melhores relacionamentos do que quando mentimos, omitimos ou distorcemos os fatos.

A honestidade começa aqui e agora – com você. Porém, é incrivelmente difícil aceitar a honestidade consigo próprio. Você é honesto com você mesmo? Realmente honesto? Como se comporta quando alguém faz uma avaliação de suas atitudes? Coloca-se na defensiva? E, se é honesto com você mesmo, é capaz de admitir essa verdade diante dos outros? Como se comporta diante de elogios? Discordando ou mostrando apreciação? Consegue admitir os próprios erros? Quando lhe apontam um ponto fraco, consegue ser grato a quem o fez e se entusiasmar com uma possibilidade de mudança?

Na dúvida, diga a verdade.

A atitude correta

Mas a honestidade não se resume a isso. Você diz aos outros o que eles querem ouvir ou a verdade? Dar a alguém uma avaliação honesta é um dom, se as intenções forem corretas. Mas tenha cautela. Dizer a alguém a mais pura verdade pode ser uma atitude contraproducente.

No final das contas, o objetivo é nunca mentir. Mas é claro que há momentos em que revelar tudo o que se sabe não é uma atitude profissional ou discreta. No entanto, declarações como "Não posso falar nisso agora. Quando puder, eu o farei", ou "Desculpe, não me sinto à vontade para falar nisso" reforçam a sua integridade. Faça disso o seu mote: na dúvida, diga a verdade. A frase é simples, mas exercerá um impacto benéfico em sua vida.

METICULOSIDADE

Ser meticuloso significa prestar atenção aos pequenos detalhes. Como me disse, certa vez, um campeão mundial de caratê extremamente bem-sucedido, a atenção aos detalhes é o que nos distingue dos demais. Profissionais bem-sucedidos em vários ramos de atividade sabem da importância dos detalhes. Eles sabem que a diferença mais significativa surge de inúmeras pequenas diferenças – os detalhes.

Concentre-se nos pequenos detalhes durante uma atividade física e ficará surpreso com a rapidez com que estará exausto. É árduo, mas uma atividade física realizada dessa maneira leva a enormes progressos. Após um pequeno número de sessões, você começará a melhorar seu desempenho de modo geral. Dito de maneira prática: ao centrar o foco nas coisas pequenas, você acaba valorizando as grandes.

No caratê, os detalhes são importantes. Ao treinar, voltamos a atenção para cada movimento isolado. Tentamos aplicar cada técnica com cuidado e atenção. Os mestres do caratê têm consciência da importância de fazer as coisas de modo completo. Anseiam a perfeição e a sutileza. E sabem que, ao praticar caratê dessa maneira, não estão apenas treinando o corpo, mas também a mente. O mesmo acontece em todas as áreas da vida. Prestando atenção aos detalhes, chegamos a pequenos aperfeiçoamentos,

Pura sabedoria

que, juntos, fazem uma grande diferença. Não somente no plano físico como no mental.

Quer obter uma conquista rápida? Fique atento aos detalhes. Há sempre algo que pode ser feito em relação a eles. Isso é uma coisa que você é capaz de melhorar instantaneamente. É como colocar uma gravata: um pequeno ajuste faz toda a diferença. Assim, procure melhorar as pequenas coisas. Faça o que é possível. Dessa forma, terá mais energia e a sensação de que, de fato, está atingindo seu objetivo.

Se você deseja, por exemplo, melhorar sua capacidade de falar em público, preste atenção aos detalhes. Dê importância a cada palavra. Esteja ciente dos seus maneirismos, abandonando tudo o que possa provocar a distração do ouvinte. Dê verdadeira intenção às coisas que diz e aos seus gestos. Entenda o público e satisfaça as necessidades dele, de modo discreto, mas significativo. Regule a temperatura do ambiente. Faça ajustes na iluminação e no som.

Em todos os trabalhos ou desempenhos excepcionais, a excelência sempre está nos menores detalhes.

Em todos os trabalhos ou desempenhos excepcionais, a excelência sempre está nos menores detalhes. Os cirurgiões sabem disso. Os programadores de computação sabem disso. Atletas, engenheiros, escritores, fotógrafos, empresários, designers e artistas, todos eles sabem disso. Todos sabem que o segredo para obter qualidade em cada detalhe de seu trabalho é fazer bem as pequenas coisas. Exatidão. Atenção aos detalhes. Perfeição. Isso é ser meticuloso.

O ESTADO DE PLENA ATENÇÃO

É paradoxal, mas as pessoas mais determinadas e bem-sucedidas são, em geral, as mais insatisfeitas. Por quê? Bem, para ter sucesso na vida, você precisa ir atrás das coisas, ser uma pessoa de ação. Tem de ter capacidade de discernimento, uma mente lógica e uma excelente habilidade para solucionar problemas. Além disso, deve saber avaliar onde está neste exato momento e aonde pretende chegar. Precisa, então, da energia e da determinação para preencher essa lacuna. Todas essas habilidades são consideradas de grande valia e essenciais para ter uma vida bem-sucedida "lá fora". Porém, quando se trata de uma vida bem-sucedida "aqui dentro", não têm grande utilidade. Na verdade, podem até mesmo piorar as coisas.

Deixe-me explicar.

Em sua busca por uma vida melhor, muitos se esquecem de que, no fim das contas, tudo o que fazemos é motivado por um desejo de atingir um estado interior: contentamento, satisfação e realização. Esquecemos, também, que as coisas que alcançamos "lá fora" não nos garantem a permanência desse estado. Na verdade, sempre haverá lacunas. Assim, seguimos em constante movimento, buscando coisas de maneira frenética – dinheiro, fama, poder, *status* –, mas nunca parecemos satisfeitos. Sempre queremos mais. E jamais temos o suficiente. Isso nunca leva a uma satisfação duradoura.

Pura sabedoria

Porém, mesmo que compreendamos que "ter mais" não nos fará mais felizes, pioraremos as coisas ao tentar solucionar os problemas "aqui de dentro" da mesma maneira que resolvemos os problemas "lá fora". E, se temos grande habilidade para resolver problemas "externos", criaremos enorme confusão ao tentar aplicar as mesmas estratégias em nossa vida "interior".

A solução de problemas não é a melhor maneira de lidar com as questões emocionais. Por quê? Porque isso nos faz continuar pensando repetidas vezes nas coisas que estão na origem do problema. Seguimos caminhando em círculo, requentando a mesma experiência, numa tentativa desesperada de encontrar uma saída para o sofrimento.

Mas a saída existe: outra modalidade da mente, o oposto daquela voltada aos objetivos, ao preenchimento das lacunas. Trata-se da modalidade "ser" da mente. Ao contrário da modalidade "fazer", ela não está voltada à conquista de um objetivo particular. Assim, não há necessidade alguma de uma análise constante das lacunas ou da comparação entre o estado atual das coisas e a situação que julgamos ideal – o que nos causa mal-estar. O foco está em "aceitar" e "permitir" que as coisas sejam como são agora, sem fantasiar, sem desejar nem esperar que algo seja diferente.

Além disso, a modalidade "ser" da mente é um estímulo a nos "aproximarmos" de estados emocionais não desejáveis, em vez de "evitá-los"; desse modo, poderemos enfrentar os desafios emocionais de maneira saudável. Seguir em frente, ignorando o sentimento incômodo, não fará com que ele desapareça. Para ter uma vida mais satisfatória, em algum momento você terá de encarar esse incômodo, chegando às raízes dele. A modalidade "ser" da mente pode ajudá-lo nesse processo.

Note que a modalidade "ser" o incentiva a parar de fazer coisas e a prestar total atenção à sua situação atual. Ajuda você a enxergar com maior clareza, a considerar todas as possibilidades e

A atitude correta

a tomar decisões mais adequadas. Permite-lhe apresentar respostas de maneira consciente, em vez de agir sempre no piloto automático. Quando você está completamente desperto, consegue perceber quem realmente é e do que realmente precisa. Você abandona a dependência de "ter mais". E, desse modo, preenche a lacuna que existe entre o sucesso exterior e a satisfação interior.

Quando você está completamente desperto, consegue perceber quem realmente é e do que realmente precisa.

Mas o que fazer para mudar da modalidade "fazer" para a modalidade "ser"? A maneira mais fácil é ficar atento ao próprio corpo. Isso porque entrar em contato com as sensações do corpo nos traz de volta para o momento presente. Só tenha cuidado para não transformar essa prática em um objetivo – por exemplo, atingir um estado de calma ou de relaxamento. O propósito, aqui, é estar mais receptivo às sensações do corpo – aqui e agora –, não importa quais sejam elas.

Eis uma boa maneira de começar: sente-se numa posição confortável. Coloque os pés e os braços numa posição fixa, mas relaxada. Feche os olhos. Concentre a atenção em cada parte do corpo. Comece pelos pés e vá subindo. Devagar, passo a passo. Uma parte por vez. Se começou pelo pé esquerdo, dê atenção total ao pé. Ele tem chulé, sei disso, mas o que mais esperar de um pé? Não há nenhuma necessidade de levar isso demasiadamente a sério. Adote uma postura de leveza, curiosidade, acolhimento e generosidade. Esse é o estado de plena atenção.

A AUSÊNCIA DE JULGAMENTO

Cada um de nós tem suas preferências. E sempre haverá coisas que consideramos melhores do que outras. Por exemplo, talvez você prefira sorvete de passas ao rum e eu, de baunilha. Temos gostos diferentes. "Certo, mas se pelo menos você..." Repare, aparentemente somos incapazes de aceitar que o outro discorde de nossa opinião. Portanto, julgamos a escolha dele: "Como é que você consegue comer isso? É horrível". E tentamos convertê-lo: "Você não sabe o que está perdendo. Experimente isso". Porém, para ter um relacionamento melhor e maior paz de espírito, precisamos entender que o que é melhor para nós pode ser pior para o outro.

O exemplo talvez pareça banal, sei disso. Estou certo de que a maioria das pessoas não dá importância à opinião alheia no que diz respeito à escolha de sabores de sorvete. No entanto, quando somos julgados por nossa visão de mundo, a situação é um pouco mais irritante. E, não importa como nos sintamos quando nos julgam, temos dificuldade em não julgar os outros. Acreditamos que o nosso jeito é o melhor. Porém, o que é correto para nós não necessariamente é correto para todos.

Às vezes, temos a solução pronta para que os outros saiam de uma situação complicada ou melhorem de vida. Dizemos: "Eu jamais faria isso...". Mas como saber, se nunca estivemos na

Pura sabedoria

mesma situação? Como ter certeza de que agiríamos de outra maneira? Em geral, nossa posição é a do passageiro do banco de trás. Julgamos e criticamos as ações alheias sem jamais ter sentado no banco do motorista.

Tenho certeza de que você quer o melhor para as pessoas de quem mais gosta. Quer dar a elas os "melhores" conselhos. Porém, tais conselhos se baseiam nas suas preferências. Por exemplo, talvez você queira que o outro gaste dinheiro da mesma forma que você, que se alimente da mesma maneira, que viva como você e que acredite nas mesmas coisas que você. Mas as suas preferências são suas. No final das contas, elas podem nem ser as melhores coisas para você, quanto mais para as demais pessoas. Portanto, deixe que os outros façam o que considerem melhor para eles. Talvez façam escolhas inadequadas, mas é assim que se aprende. Permita que eles cometam os próprios erros. E concentre-se em aprender com os seus.

Nem sempre conseguimos enxergar os benefícios que virão com a experiência alheia. Podemos julgar uma coisa como "incorreta", mas ela pode ser correta para o outro. Em outras palavras, o lugar em que ele está neste exato momento talvez seja perfeito para ele, considerando o ponto aonde quer chegar.

Além disso, quando você dá conselho a uma pessoa sem que ela peça, não se trata de um conselho, mas de um julgamento. Isso será recebido como crítica. E as críticas afetam os relacionamentos. Deixe que o outro simplesmente seja ele mesmo, assim ele terá prazer em estar ao seu lado. Não é comum uma pessoa ser aceita como é. Lembre-se, ninguém é perfeito. E os outros sempre estarão longe da perfeição, sobretudo se tiverem de se adequar à definição que você dá a essa palavra.

> **Quando você dá conselho a uma pessoa sem que ela peça, não se trata de um conselho, mas de um julgamento.**

O ESPÍRITO DE RECEPTIVIDADE

Talvez você conheça a história de um mestre zen que encontra um discípulo cheio de si: repleto de ideias, de conceitos e de crenças; inflexível e relutante em abandonar seus pontos de vista. O mestre, então, o convida a sentar e lhe prepara um chá. No estilo zen, o mestre serve o chá primeiro em sua própria xícara. A seguir, passa a servir o discípulo. Dessa vez, porém, vai além do limite: continua despejando o chá na xícara, até o líquido começar a transbordar. Em pânico, o discípulo exclama: "Mestre, o que você está fazendo?". Calmamente, o mestre responde: "A xícara é como a sua mente. Você jamais será capaz de aprender coisa alguma a menos que a esvazie".

Eis a sabedoria antiga. A seguir, uma interpretação atual dessa história.

Os órgãos relacionados aos sentidos – pele, olhos, ouvidos, língua e nariz – são instrumentos que usamos para percorrer nossa jornada ao longo da vida. Eles funcionam como receptores que nos fornecem informações sobre o mundo externo. Se deixássemos tudo a cargo desses órgãos, seríamos sobrecarregados de estímulos. Criamos, porém, uma maneira inteligente de impedir que sejamos sufocados pela avalanche de sensações. Buscamos aquilo que é interessante e a seguir generalizamos, apagamos e distorcemos as informações que recebemos. Simplificando: à semelhança

Pura sabedoria

de uma droga sintética, alteramos nossas experiências do modo que julgamos mais adequado. O problema é que nosso sistema de filtragem é influenciado pelos pensamentos. E, muito mais frequentemente do que imaginamos, eles são irracionais. Assim, tendemos a fazer generalizações sobre as pessoas e sobre suas características, alimentando as piores expectativas a respeito delas, apagando informações importantes a que deveríamos prestar atenção ou deturpando o sentido das palavras delas e reagindo de modo inapropriado. Mas a situação não para por aí. Fica ainda pior. Temos o mau hábito de buscar informações que endossem nossa forma de pensar. Assim, além de os pensamentos moldarem a realidade à nossa volta, eles também a confirmam – não importa o grau de distorção que tal realidade possa sofrer. Afora isso, é preciso admitir: estar com a razão produz uma sensação boa. Em consequência, normalmente evitamos as pessoas e as situações que não estão em sintonia com nossos pensamentos.

Você já deve ter ouvido várias vezes a expressão: "Ver para crer". Porém, seria mais exato dizer: "Crer para ver". Pois sua percepção de mundo está sempre baseada nos pensamentos habituais – suas crenças. São elas que criam o mapa através do qual você determina o rumo de sua vida. Se tiver pensamentos saudáveis e racionais, eles o conduzirão aonde você deseja. Se tiver pensamentos pouco saudáveis e inflexíveis, pode contar com uma colisão certeira.

Esse é o problema.

Eis a solução: tenha um espírito de receptividade. Olhe para as coisas como se as estivesse vendo pela primeira vez. Esvazie sua xícara. Deixe de lado suas ideias, conceitos e crenças. E, na medida do possível, conecte-se com os dados sensoriais brutos que entram em seu cérebro. Reflita sobre os seus pensamentos. Entre em contato com pessoas e livros que apresentem opiniões diferentes das

A atitude correta

suas. A seguir, procure descobrir os fatos que servem de base às opiniões dessas pessoas. A busca dos fatos é um exercício mental mais eficaz do que tirar conclusões precipitadas.

Mas não me entenda mal. Não estou lhe pedindo para descartar suas opiniões nem fazer concessões com seus valores. De maneira nenhuma. O que sugiro é que, temporariamente, você deixe de concentrar-se em suas opiniões e de expressá-las até que tenha pesquisado, ouvido e compreendido plenamente o parecer dos outros. Desse modo, será capaz de agir com um pouco mais de equilíbrio. Além disso, diminuirá a probabilidade de você ser iludido ou conduzido a situações de "beco sem saída".

> **A busca dos fatos é um exercício mental mais eficaz do que tirar conclusões precipitadas.**

PACIÊNCIA

A paciência é uma virtude desejável, mas em nossa cultura de recompensas instantâneas é um atributo raro. Não me entenda mal: é ótimo ter lojas abertas 24 horas, fornos de micro-ondas, acesso imediato à informação e entretenimento fácil de atingir. Porém, o acesso imediato a tudo o que queremos tem debilitado uma de nossas maiores virtudes – a capacidade de esperar.

Pesquisas comprovaram que, em situações em que crianças puderam optar entre ganhar um chocolate agora e dois assim que uma tarefa fosse concluída, as crianças que souberam esperar tiveram maior êxito posteriormente, na vida. Saber resistir aos impulsos é importante. É possível que, ao nascer, nem todos tenham a mesma capacidade de esperar. Mas somos capazes, todos, de melhorar. É como qualquer outra habilidade: pode ser aperfeiçoada por meio da prática.

Não é fácil. Até mesmo as pessoas mais pacientes têm de enfrentar a necessidade de gratificação instantânea. Aceleramos para passar no semáforo. Corremos para pegar a fila mais curta. E, mesmo quando não conseguimos ir mais rápido, a mente caminha veloz. É como se estivéssemos sob o efeito de uma droga. Estamos viciados em velocidade. Porém, para ter uma vida melhor e mais satisfatória, é necessário romper com o vício. Devemos combater a mentalidade da gratificação instantânea.

Pura sabedoria

Se a paciência é uma virtude, conseguir algo no momento da necessidade é um vício. Assim, cuidado com a sedução do apressado estilo "pagou, levou". Somos afortunados por ter à disposição, e de imediato, grande parte do que queremos. Mas não deixe que isso debilite sua capacidade de esperar a gratificação. Se você tem pouca paciência, comece a expandi-la com pequenas atitudes. Aguardar na fila para falar em um telefone público, por exemplo, pode ser um bom início. Quando se sentir apto a esperar sem ficar irritado ou ansioso com pequenas coisas, passe às grandes.

E tem mais. Em geral, a vontade de fazer as coisas rapidamente implica que elas não serão feitas como se deve. Assim, se você espera resultados excelentes, tenha paciência. O próprio aprendizado de ter paciência exige paciência. Não é possível acelerar o processo. Se você o fizer, o resultado não será o mesmo, será inferior. Acelerar o desenvolvimento pessoal equivale a abrir um ovo antes que ele esteja pronto para ser chocado e depois se perguntar por que não havia um pintinho em seu interior.

Lembre-se: a paciência é a sua disposição de permitir que a vida siga seu próprio curso. Não há necessidade alguma de correr ou de ter pressa. Plante as sementes e deixe que o processo orgânico aconteça. Em outras palavras: se você se dedicar, os frutos aparecerão. Talvez não apareçam na hora em que você quer, mas virão quando estiverem prontos. E lembre-se: quanto mais paciente a espera, mais rapidamente eles aparecerão.

A paciência é a sua disposição de permitir que a vida siga seu próprio curso.

PERSISTÊNCIA

A persistência é a capacidade de insistir numa tarefa quando a maré não está favorável. Todos nós conhecemos pessoas que iniciam uma atividade e a interrompem diante do primeiro obstáculo que lhes aparece à frente. Isso acontece o tempo todo no caratê. No início, os alunos mostram entusiasmo. Porém, como o começo é um pouco estranho e os resultados demoram a aparecer, eles desistem. Abandonam as aulas justamente no momento em que as coisas estão começando a melhorar.

A maioria das pessoas renuncia a atividades e projetos. Não têm a perseverança necessária para atingir suas metas. O que as atrapalha talvez seja o desejo de obter resultados rápidos. Por exemplo, muitos novatos no caratê chegam com a expectativa de se tornar mestres rapidamente. Hoje em dia, as pessoas querem resultados instantâneos. O verdadeiro progresso, contudo, só acontece por meio da repetição incessante e de um esforço concentrado visando o aperfeiçoamento. São necessários tempo e trabalho duro para dominar uma habilidade. Não existem atalhos. Portanto, se você não dispõe de tempo, não espere obter resultados.

A paciência e a persistência caminham de mãos dadas. Elas são como o *yin* e o *yang* do comprometimento. A paciência é uma qualidade passiva; a persistência é mais ativa. Se você deseja se destacar em meio ao grupo, mantenha-se firme em seu propósito

Pura sabedoria

até o fim. Essa é a parte ativa do comprometimento. Não desanime caso os resultados não apareçam imediatamente. Esse é o elemento passivo. O fato de a melhora estar acontecendo de maneira lenta não é relevante, o que importa é continuar. Siga praticando, mesmo quando tiver a sensação de que não está chegando a parte nenhuma. Esse é o caminho para atingir o melhor desempenho. O resultado virá, provavelmente, quando você menos esperar. Portanto, continue com suas atividades.

Dito isso, é importante não se deixar perturbar com esse conceito. Às vezes, é necessário saber o momento de parar. Se, apesar de seus esforços, você tiver a sensação de estar regredindo ou de não sair do mesmo ponto, é sinal de que deve descansar. Se o descanso não lhe permitir alguma recuperação, talvez você esteja no caminho errado.

> **A paciência e a persistência caminham de mãos dadas. Elas são como o *yin* e o *yang* do comprometimento.**

Considere a hipótese de iniciar outra atividade mais adequada aos seus talentos naturais.

Certamente, se você for uma pessoa ambiciosa e determinada, não será fácil saber o momento de parar. Porém, não se deixe levar pelo orgulho ou pela obstinação.

Pergunte-se, com sinceridade, se está desistindo pelas razões certas. Então, terá a resposta. É claro que as pessoas não gostam de desistir das atividades. Mas não há nenhum sentido em continuar uma atividade inapropriada para você.

R E S P E I T O

Demonstrar respeito significa aceitar uma pessoa como ela é, concordando ou não com suas atitudes e pontos de vista. Por exemplo, talvez você não concorde com as posições de alguém em relação à política, com suas crenças religiosas ou com sua visão de mundo. Talvez até mesmo reprove suas atitudes e comportamento. Porém, isso não significa que não possa respeitá-lo. Não é preciso admirar uma pessoa ou aprovar seu estilo de vida para que se possa tratá-la com generosidade e atenção.

Embora seja fácil compreender esse princípio, não é fácil segui-lo, pois tendemos a ter uma atitude menos respeitosa com as pessoas de que não gostamos. A impressão que temos é que tal esforço não vale a pena. Porém, nosso bem-estar sempre sairá ganhando se formos capazes de abandonar sentimentos de rancor e permitir que as pessoas sejam elas mesmas. Se isso for pedir demais, pelo menos procure fazer com que elas não saibam que você não gosta delas.

É claro que é difícil fingir que gosta de alguém quando isso absolutamente não é verdadeiro. Ninguém gosta de passar por dissimulado. Mas, no fim das contas, o problema é seu,

> Demonstrar respeito significa aceitar uma pessoa como ela é, concordando ou não com suas atitudes e pontos de vista.

Pura sabedoria

pois todas as pessoas, sejam elas quem forem, merecem um tratamento digno e respeitoso. Quer você realmente goste de uma pessoa ou não, quando houver um conflito entre você e ela, faça referência a isso como sendo *o seu* problema. Isso não quer dizer que precise concordar com o outro, para fazer com que ele se sinta bem. Se você tem uma opinião contrária, expresse-a... mas de modo respeitoso.

E como fazer isso?

Escolha o momento mais apropriado para iniciar a conversa. De preferência, opte por uma conversa olho no olho e use um tom de voz ameno. Comece admitindo o ponto de vista do outro. Por exemplo, diga: "Entendo e respeito o que você está dizendo, mas uma maneira diferente de olhar para essa questão é...". Explique então sua opinião, expondo a sua visão dos fatos e o modo como se sente a respeito deles.

Lembre-se: todos nós já estivemos diante de inúmeras experiências na vida, e fomos moldados por nosso ambiente social. Portanto, cada um de nós terá uma maneira única de olhar para o mundo. Por exemplo: talvez você tenha sido criado no Extremo Oriente e valorize a cortesia e os protocolos; para alguém que nasceu e cresceu no Ocidente, essas coisas talvez sejam, em grande medida, desnecessárias. Não precisamos concordar com tudo o que uma pessoa diz ou defende. Por outro lado, não é necessário responder de maneira brusca quando nossas opiniões são divergentes.

RESPONSABILIDADE

Trata-se de um debate interminável. Somos responsáveis por nossas ações? Temos livre-arbítrio? Na maioria dos casos, sentimos que temos controle sobre as situações. Às vezes, porém, isso não acontece. Nesses momentos, acreditamos que basta dizer "A culpa não foi minha". Mas por que não? É certo que as circunstâncias podem fazer com que algumas opções sejam mais difíceis do que outras. Mas isso nos dá uma boa justificativa? Devemos ser responsabilizados por nossas ações mesmo quando estamos estressados, deprimidos ou quando é o ambiente que as determina?

Considere, por exemplo, a traição. Se um homem trai sua esposa, ele tem algum direito de transferir a responsabilidade por seus atos para a segunda mulher, pode atribuir isso à pressão social ou ao comportamento de sua esposa? É comum o homem buscar justificativas para não assumir a responsabilidade pelos próprios atos. E, infelizmente, é comum que a esposa acabe culpando a si mesma. Mas um homem (ou uma mulher) seria capaz de trair se tal atitude fosse do conhecimento de sua parceira (seu parceiro)? Penso que não. Portanto, por que ele não deve ser responsabilizado por um ato que sabe que não deveria praticar?

Todo ato que praticamos tem consequências. Porém, muitas vezes agimos de modo irresponsável, embora estejamos

Pura sabedoria

plenamente cientes dos desdobramentos de nossas ações. Por exemplo, sabemos que a compra de um determinado vestido, computador ou carro nos deixará mergulhados em dívidas. Mas não deixamos de fazer a compra. Em várias situações, ficamos à mercê de nosso desejo. Reagimos aos impulsos, em vez de considerar, com calma, as consequências. Para ter uma vida mais saudável e satisfatória, precisamos aprender a agir de modo deliberado e ponderado. Temos de passar da reação para a resposta. Em suma, devemos assumir responsabilidades.

É possível que não tenhamos controle total sobre a vida. Talvez sejamos escravos das convenções. No entanto, temos, sim, o poder de libertar-nos das correntes que nos prendem a um modelo particular de comportamento. Além disso, embora o mundo seja um sistema determinista, ainda nos resta algum controle sobre a maneira como chegamos ao fim da reta. Em outras palavras, todos nós morreremos − isso já nos foi determinado, e não temos controle sobre esse fato −, mas podemos controlar o modo como faremos nosso percurso. Podemos sempre escolher a atitude a adotar diante dos acontecimentos da vida. Podemos optar entre uma estrada mais elevada e uma menos elevada.

> **Podemos sempre escolher a atitude a adotar diante dos acontecimentos da vida.**

Sem dúvida, os hábitos talvez inibam sua capacidade de apresentar respostas. Eles o fazem reagir. Porém, você pode mudar seus modelos limitados de comportamento. Só precisa estar mais consciente deles. Distancie-se um pouco e observe-se em ação. Lembre-se: para mudar uma atitude, primeiro é necessário ter consciência dela. E é nesse momento de consciência que você tem a oportunidade de tentar algo novo. É a sua chance de

A atitude correta

responder, em vez de reagir. Responda diretamente e seus desafios se transformarão em oportunidades. Reaja e verá que a vida permanecerá igual ou ficará pior.

PARTE

2

AS PRÁTICAS CORRETAS

A Ç Ã O

Há muito tempo observo com curiosidade as dificuldades que a maioria das pessoas enfrenta no momento de agir – o tipo de ação que leva a uma vida mais saudável e satisfatória. Fazemos promessas como parar de fumar, frequentar academia ou deixar de comer *junk food*. Nossa motivação talvez dure um ou dois dias, mas não vai além disso. Como manter a motivação, não apenas por dois dias, mas durante semanas, meses ou até anos?

Resumindo em uma palavra: emoção. Na verdade, a palavra "emoção" tem origem no termo em latim *movere* – movimentar. Frequentemente, sabemos o que desejamos alcançar e o porquê disso. Porém, essa compreensão intelectual não é suficiente para nos manter em movimento, muito menos para nos dar motivação. O discernimento intelectual nos permite dizer algo como "Sim, minha mente sabe perfeitamente o que devo fazer, mas na verdade não sinto isso no coração". O que estamos admitindo, aqui, é a ausência de percepções emocionais.

Considere o exemplo do cigarro. A maioria dos fumantes sabe dos perigos do fumo – é dotada de discernimento intelectual –, mas ainda assim continua fumando. Por outro lado, muitas mulheres que durante anos fizeram um enorme esforço para abandonar o cigarro constataram que, ao engravidar, conseguem parar – pelo menos durante o período da gravidez. E isso se deve à

Pura sabedoria

profunda compaixão que sentem pelo bebê e à preocupação com o bem-estar da criança.

A emoção é um poderoso fator de motivação. Quando você se apaixona por seus objetivos, sempre age com base nos conhecimentos, nos conselhos e nos discernimentos que o ajudarão a alcançá-los. Lembre-se: mantenha a mente e o coração na direção correta e não terá de preocupar-se com o caminho a seguir.

Porém, se seu sonho, objetivo ou paixão ainda não é sólido o bastante para mantê-lo motivado, talvez você precise de uma busca mais profunda. Pois adiar uma atividade importante é, em geral, um modo de evitar um estado emocional desagradável.

Por exemplo, talvez você tenha o hábito de adiar tarefas por temer o fracasso. Ou então porque não gosta que lhe digam o que deve ser feito. Ou ainda porque tem medo do sucesso. Não por não dar valor ao sucesso, mas por ter medo de perdê-lo, uma vez que o tenha obtido. Você olha para o topo da montanha e diz: "A vista de lá de cima deve ser maravilhosa, mas cair do topo deve ser terrível". Em geral, não estamos evitando uma tarefa, e sim um sentimento indesejado. Mas existe uma solução para isso.

> **A emoção é a força motriz da vida, mas também funciona como o pedal do freio.**

Eis o segredo para ser capaz de agir: dê um significado à tarefa. Por exemplo, se uma quantidade enorme de coisas atravanca o seu caminho, se sua falta de organização é extrema, convém considerar os benefícios de uma "faxina" geral. Com isso, talvez você se sinta mais integrado, livre e capaz de concentrar-se em outros aspectos da vida. Se usar a emoção, será maior a probabilidade de que comece a agir. Em suma: a emoção é a força motriz da vida, mas também funciona como o pedal do freio. Assim, você precisa saber quais emoções o impulsionam e quais o limitam.

M U D A N Ç A

A vida está associada ao crescimento. Se você não muda, não cresce. Se não crescer, esteja preparado para passar por intenso sofrimento. A vida quer o melhor para nós. Ela espera que exploremos todo o nosso potencial. Portanto, ela nos guia por meio de leves cotoveladas. Mas, se essas cotoveladas são ignoradas, recebemos um violento safanão.

Pense no seguinte: quando é que aprendemos as lições sobre o gerenciamento de funcionários? Quando perdemos os funcionários mais importantes. Quando é que começamos a buscar um melhor equilíbrio entre o trabalho e a vida social? Quando nosso corpo ou a família começam a se desintegrar. Quando é que tentamos encontrar nossa verdadeira vocação? Depois de termos sido ignorados numa oportunidade de promoção ou após uma demissão. Para muitos, sem o sofrimento não existe o ímpeto para as mudanças. Porém, a vida não precisa ser uma série de lições dolorosas, se aprendermos a prestar atenção aos sinais sutis. Pois o sofrimento não aparece repentinamente – ele surge e cresce aos poucos. Ele nos guia com um facho de luz. A maioria das pessoas muda, contudo, não porque está vendo a luz, mas porque sentiu o calor que emana dela.

Em geral, as pessoas relutam em mudar porque a mudança é acompanhada de estranhamento e de incômodos. Você precisa,

Pura sabedoria

durante algum tempo, abandonar a segurança. Isso tirará você da zona de conforto. Para alguns, isso pode significar o abandono de um padrão de comportamento familiar porém limitador, um emprego seguro mas frustrante ou um relacionamento que não tem mais sentido. Porém, se você for dinâmico, receptivo e flexível, poderá transformar sua experiência em relação às mudanças. Sobretudo quando a vida estiver seguindo na direção errada.

No entanto, se a mudança já se tornou uma necessidade extrema para você, eis a melhor maneira de colocar água nessa fervura: primeiro, aceite a situação atual e resista à necessidade de agir impulsivamente. Mas não estou sugerindo que continue tolerando a situação. O que deve fazer é olhar para ela sem reagir do modo habitual. Diga: "O.k., estou vendo a situação. Sei que esse é um alerta para que eu mude. Agora, decidirei, com calma, qual será a maneira mais adequada de responder a ela".

A seguir, assuma a responsabilidade por essa situação. É claro que, se o teto de sua casa desabar durante um vendaval, sua responsabilidade por isso será mínima. Porém, se você não assumir a responsabilidade por tudo o que lhe acontece, tenderá a adotar a postura da vítima indefesa. O que você deve se perguntar é: "O que posso aprender com essa experiência?".

Identifique, então, as mudanças que precisa fazer, para poder lidar com a situação. É neste momento que você centra seu foco nas lições que precisa aprender. Esta situação talvez lhe esteja ensinando a ser mais assertivo, a ser um sócio mais atencioso, ou a buscar o equilíbrio entre a vida social e o trabalho.

Por último, comece a agir. Ao longo de toda a vida, você será presenteado com várias lições. Cada mudança que você fizer o

> **O sofrimento causado pela mudança nesse momento sempre será menor do que a dor de continuar igual.**

As práticas corretas

levará mais longe no caminho rumo à realização. Em cada lição existe a oportunidade de criar uma vida nova e melhor.

Uma pessoa honesta não quer que as coisas permaneçam iguais. Existirá alguém que não tenha o desejo de aperfeiçoar algum aspecto de sua vida? Sem a mudança, não haveria esperanças de uma vida melhor, e o sofrimento não teria fim. Mudar do ruim para o bom é desejável. Porém, todas as mudanças sempre são para melhor, não importa a direção em que ocorram. E lembre-se de não resistir a elas. Isso porque o sofrimento causado pela mudança nesse momento sempre será menor do que a dor de continuar igual. Portanto, seja proativo – busque a mudança antes que ela o encontre!

COMPETIÇÃO

No que diz respeito à competição no caratê, há duas linhas de pensamento. Segundo a primeira delas, a competição possibilita o progresso, por estimular o desenvolvimento das habilidades. Os defensores da outra linha acreditam que a competição gera ciúme, ambição e inveja diante do *status* ou dos títulos conquistados pelos praticantes.

A competição é um assunto polêmico, seja no caratê, seja na vida. Porém, não importa o lado em que você se posicione nesse debate, é quase impossível evitá-la. Todos nós sempre competimos por algo, em diferentes situações: podemos estar de olho em um novo cargo na empresa ou em um lugar na frente do ônibus, durante uma viagem longa.

Sou totalmente a favor da competição. Conforme explicarei a seguir, há momentos em que um competidor pode trazer mais benefícios ao desenvolvimento de uma pessoa do que um bom amigo. Porém, quando a competição é levada longe demais, torna-se uma força motivacional pouco saudável e indesejável.

Muitos competidores odeiam os adversários que têm um desempenho melhor do que o deles, por considerar que tais pessoas estão numa posição que poderá impedir seu progresso. Sentem medo, também, daqueles que se encontram em posição ligeiramente inferior, por temer que, de alguma maneira, possam ser

Pura sabedoria

ultrapassados por eles. Em suma, a competição faz com que as pessoas invejem os vencedores, desrespeitem os perdedores e passem a suspeitar de praticamente todos ao redor.

Pense em quanto tempo e energia você desperdiça olhando para trás, em vez de seguir com a vida. Deve haver uma maneira melhor de viver além do universo da competição, carregado de tensão. Sim, há um modo melhor, e isso não significa que você tenha de abandonar completamente a competição. Se você competir com a postura adequada, isso pode trazer à tona o que há de melhor em você.

Se você competir com a postura adequada, isso pode trazer à tona o que há de melhor em você.

Sempre haverá alguém com mais conhecimento, com mais talento ou mais popular que você. Não se compare com os outros. Não permita que ninguém determine as metas que deve estabelecer para si. Em vez disso, estabeleça metas e objetivos que façam sentido para você. Entre numa competição consigo mesmo. Faça a avaliação de seu crescimento ao longo deste ano em relação ao progresso feito no ano anterior, e não em relação ao progresso de seu adversário.

Pausa para um esclarecimento: a vontade de crescer é inerente a todos, e tal crescimento é mais facilmente atingido quando se tem um desafio. Os desafios nos tiram da zona de conforto. Quando deparamos com dificuldades, mergulhamos nas profundezas de nossa capacidade e percebemos os verdadeiros limites de nosso potencial. No caratê, os adversários fazem de tudo para complicar sua vida. Ao desempenhar o papel de inimigos, eles se transformam em verdadeiros amigos. Ao competirem com você, na verdade estão cooperando. Ter um adversário digno é uma bênção: isso o estimula a dar o melhor de si.

As práticas corretas

Portanto, pare de se comparar com os outros e concentre-se no autoaperfeiçoamento, deixando de ver os adversários como inimigos e passando a considerá-los amigos. Nesse processo, lembre--se: a vida sempre lhe trará os desafios e os adversários dignos, que lhe darão a oportunidade de crescer.

CONCILIAÇÃO

Essencialmente, os praticantes de artes marciais estão empenhados em buscar a harmonia. Eles com certeza treinam com a finalidade de lutar, mas, paradoxalmente, isso lhes dá a opção de não ter de lutar. Não recuam diante do conflito, mas procuram resolvê-lo. Buscam uma área em que há opiniões comuns e o consenso. Estão prontos a ceder.

A maioria das pessoas evita o conflito. Elas odeiam lutar. Porém, atitudes, opiniões ou abordagens divergentes não precisam se transformar numa arena de luta. O conflito pode ser algo positivo. Ainda assim, muitas pessoas o evitam. E acabam tendo um sentimento de frustração e ressentimento em relação aos outros. Que fique claro, contudo: a inércia não é capaz de resolver discordâncias. O conflito deve ser administrado antes de se transformar numa força destrutiva.

Quando se trata de lidar com conflitos, as artes marciais têm muito a ensinar. Os praticantes sabem da importância de agir logo nos primeiros estágios. Eles se mantêm vigilantes. Ficam atentos ao ambiente. E sua capacidade de observação lhes permite acionar, com antecedência, um sistema de alerta. Caso detectem uma atmosfera de conflito, não se tornam agressivos, tampouco tentam solucionar a questão. Permanecem calmos e são assertivos. Levam o tempo que for necessário para compreender a verdadeira causa

Pura sabedoria

do conflito. Compreendem o ponto de vista do outro. E buscam uma maneira aceitável de seguir em frente. Em suma: eles cedem.

Não se engane: ceder não significa rebaixar seu padrão de exigência ou renunciar aos seus valores por causa dos outros. Ceder significa reduzir seu número de exigências ou mudar de opinião para poder chegar a um acordo. Essa atitude só é errada quando implica o sacrifício de um princípio. Cada um de nós tem seus padrões. Se um nível mínimo não for atingido, isso levará à desarmonia. Portanto, procure o equilíbrio adequado. Não se permita concessões desonrosas.

A atitude de ceder só é errada quando implica o sacrifício de um princípio.

O conflito pode provocar emoções fortes. Assim, o segredo é lidar com ele no momento em que você está calmo. Evite reações automáticas. Reflita com calma sobre o problema e elabore um modo construtivo de lidar com a situação. Busque um acordo que seja favorável para ambos os lados.

D E C I S Ã O

Na vida, temos de tomar decisões o tempo todo. A cada momento do dia, precisamos decidir as coisas em que centraremos o foco, o que pensar e como agir. Porém, nosso comportamento geralmente está no modo automático. Tiramos conclusões precipitadas, reagimos impulsivamente e temos pensamentos recorrentes. Se quisermos ter uma vida mais satisfatória, temos de aprender a tomar decisões claras, conscientes e imparciais.

Todos nós já passamos pela experiência da hesitação. Trata-se de uma sensação incômoda. Com muita frequência, para evitar tal incômodo, tomamos decisões impetuosas, reagimos e nos apegamos a velhos padrões. Se quisermos, contudo, tomar decisões mais adequadas, convém aceitar o fato de que as coisas podem permanecer num estado de suspensão temporário. Temos de recuar diante das situações. Ao considerarmos os detalhes de uma determinada situação, bem como todas as alternativas disponíveis, poderemos ver com clareza o que precisa mudar e quais são as possibilidades de mudança. Perguntas simples como "O que, exatamente, está acontecendo neste momento?" ou "Em que medida isso é um problema para mim?" podem ajudar a esclarecer a situação. Então, quando você tiver hesitações, veja isso como um sinal para parar e refletir.

Outro obstáculo que se apresenta quando se deseja tomar decisões mais sensatas é o medo de errar. Não cometer erros é uma

Pura sabedoria

preocupação de todos. Desse modo, ficamos paralisados. E, em vez de criar um espaço para poder enxergar com clareza, criamos uma ansiedade ainda maior, permitindo que as coisas piorem. Nem sempre é possível tomar a decisão correta. Mas podemos sempre fazer com que nossa decisão resulte na consequência certa. Em outras palavras: seja qual for nossa decisão, a consequência dela nos trará uma lição. Se ouvirmos e aprendermos, estaremos mais próximos das decisões certas.

> **Nem sempre é possível tomar a decisão correta. Mas podemos sempre fazer com que nossa decisão resulte na consequência certa.**

Por exemplo, talvez você escolha o parceiro errado ou o emprego errado. Pelo menos saberá que não é isso que deseja. Da próxima vez, terá uma ideia mais clara do que está buscando e do que é importante. Portanto, não recue. Tome decisões. Ouça a avaliação dos outros a respeito delas. A seguir, faça os ajustes necessários.

No caratê, durante os treinos, os golpes devem ser ousados. Não há como ter certeza se o golpe terá êxito. Apesar das dúvidas, você tem de dar um passo à frente e desferir o golpe. Se, ao fazê-lo, sua intenção não for plena, provavelmente sairá ferido. Lute como se o fracasso fosse algo impossível e obterá resultados. O mesmo acontece com as principais decisões na vida. Avalie a situação com calma e então aja com confiança, como se o fracasso não fosse possível. Em suma: espere durante um longo período e ataque rapidamente.

D E F E S A

Desde o seu surgimento neste planeta, os humanos têm servido de alimento para feras selvagens – ou até mesmo para outros seres humanos. Há milhares de anos, quando um leão faminto farejava a presença do homem, ou quando este era perseguido por um guerreiro com intenção de saquear seu lar, ele tinha três opções: correr, lutar ou morrer. Em geral, correr não era exatamente uma opção – já tentou correr mais depressa que um leão? Portanto, as opções eram apenas duas: lutar ou morrer. Já que morrer não exigia tanta habilidade assim, rapidamente o homem aprendeu a lutar.

Hoje em dia, a probabilidade de uma fera selvagem sair em seu encalço é remota. E, felizmente, são raros os ataques físicos sem que tenha havido provocação. Dessa forma, a necessidade de autodefesa é muito menor. Porém, não tão raros são os ataques emocionais sem provocação – que, aliás, podem dar a mesma sensação de uma fera selvagem correndo atrás de você. O problema é que dispomos de artes marciais altamente desenvolvidas, mas poucas técnicas de autodefesa emocional. Penso que o treinamento de que precisamos é em "língua-fu", não em *kung fu*. Portanto, eu lhe darei algumas técnicas de autodefesa.

Antes de passar a esse ponto, encaremos os fatos.

Todos gostam de agradar aos outros. Se agradarmos aos amigos, chefes ou colegas, a probabilidade de que eles nos ajudem

Pura sabedoria

será maior. E, se quisermos manter o emprego e os amigos, também será útil se essas pessoas tiverem uma boa avaliação a nosso respeito. Porém, às vezes nosso desejo de obter a aprovação deles é tão intenso que acabamos fazendo de tudo para agradá-los e esquecemos de agradar a nós mesmos. Em outras situações, exageramos a necessidade de agradar, permitindo que os outros nos manipulem e abusem de nós.

Infelizmente, sempre haverá pessoas que, por uma razão qualquer, apreciam brincadeiras abusivas, tentam manipulá-lo com chantagem emocional ou sabotar suas metas profissionais com manobras políticas. Porém, você não precisa agir como uma vítima passiva. Não, pelo menos, se se defender. Tome uma atitude. Mas lembre-se de impor limites, pois você não terá disposição para se irritar ou ter uma reação desproporcional diante de qualquer comentário ou gesto ambíguo. Se você sentir que as coisas foram levadas longe demais, experimente revidar com um leve tapa. Se o comportamento da pessoa não se alterar, tente novamente. Se ainda assim o tapa não surtir efeito, não hesite... bata forte.

> **Você não precisa agir como uma vítima passiva. Tome uma atitude.**

Eis como.

Se você sentir que a solicitação ou a demanda de uma pessoa são estressantes demais para você, diga "Não", mas de uma maneira que não soe abrupta nem rude. Chame a pessoa pelo nome. A seguir, deixe claro para ela o que você está sentindo, dizendo "Veja, é estranho dizer isso, mas...". Explique por que tem de dizer não: "Temo que, se eu tiver de fazer isso por você, não conseguirei fazer outras coisas importantes". A seguir, pode lançar algo do tipo: "Olhe, fulano, dizer 'não' é realmente difícil para mim, pois não quero parecer pouco atencioso, mas pensei muito

As práticas corretas

a respeito e vou ter de dizer não, desta vez. Já estou lidando com várias tarefas ao mesmo tempo; se assumir mais, não vou conseguir dar conta".

E, caso você seja tratado com linguagem ofensiva, comece fazendo uma pausa. Contenha suas emoções por um instante e respire fundo. Não é fácil, mas com isso pode manter o controle da situação. Quando a pessoa tiver terminado o desabafo, volte à ideia central de sua fala, deixando os palavrões de lado: "Se eu entendi bem...". Em seguida, se tiver alguma solução para o problema do outro, apresente-a. Caso não tenha, pergunte a ele: "De que maneira você gostaria de resolver isso?". Se a solução apresentada pela pessoa não for factível, procure chegar a uma alternativa: "Isso eu não posso fazer, mas posso fazer o seguinte...".

O segredo da autodefesa é ser firme, porém sensato. Não evite o conflito. Aprenda a dizer e a fazer pequenas coisas que tragam certa dose de perturbação às situações. Expresse sua opinião. Tome posição.

F O C O

Diariamente, somos bombardeados com informações, oportunidades e atividades que disputam nossa atenção. É muito comum tentarmos fazer várias coisas ao mesmo tempo – o que, na verdade, é impossível. A mente é capaz de centrar o foco numa única coisa, mas pulará de uma para outra, continuamente. E são coisas às quais não queremos, de fato, estar atentos. Tendemos a iniciar uma tarefa e interrompê-la regularmente, sempre que nos lembramos de outras coisas que deveríamos estar fazendo.

Há inúmeras coisas na vida que nos tiram do foco. Porém, para terminar as tarefas, precisamos ser capazes de manter a atenção. É incrível o tempo que passamos pensando no passado ou nos preocupando com o futuro. A atenção dispersiva nos torna improdutivos. Se pensamos e fazemos várias coisas ao mesmo tempo, nenhuma delas acaba sendo bem-feita. Se queremos dar o nosso melhor e alcançar os objetivos mais importantes, devemos estar totalmente concentrados na atividade que estamos desenvolvendo.

A meditação pode ajudá-lo a centrar o foco. Ela treina a mente a permanecer no presente. É a prática de prestar atenção em uma coisa por vez e aprender a manter o foco nela. Pode ser qualquer coisa: um objeto, uma pessoa, um som ou um sentimento – simplesmente qualquer coisa. O importante é voltar o foco para uma única tarefa. Quando você é capaz de centrar-se no presente,

Pura sabedoria

pode dirigir total atenção àquilo que está realizando; assim terá desenvolvido uma importante habilidade.

A seguir, apresento um exercício simples de meditação que pode melhorar sua capacidade de concentração. Pegue uma folha de papel em branco e desenhe um ponto preto no centro, de aproximadamente 1 cm de diâmetro. A seguir, cole a folha na parede, na altura dos olhos. Agora, durante um minuto, concentre a atenção no ponto preto. Não importa se prefere ficar sentado ou em pé, mas procure manter as costas eretas, a cabeça erguida e ficar relaxado.

O importante é voltar o foco para uma única tarefa.

Você certamente perceberá a mente se afastando do foco. É natural, não se critique por isso. Não faça esforços para se concentrar, apenas traga a atenção delicadamente de volta para o ponto preto, a cada vez que a mente divagar. Esse é o processo de meditação. Quando você tiver conseguido concentrar-se por um minuto, aumente para dois; a seguir, para três, e assim por diante.

Criar o foco é como trabalhar um músculo – são necessários tempo e esforço. Pratique durante breves intervalos de tempo, de cinco a dez minutos, mas regularmente, em vez de períodos mais longos e menos frequentes. Se reservar um tempo para a prática todos os dias, isso o ajudará a criar o hábito.

Nos esportes, o foco é o que distingue os amadores dos profissionais. Na área profissional, ele diferencia os trabalhadores comuns dos líderes. Na vida, o foco separa o lugar onde você se encontra agora daquele onde deseja estar. Se sua capacidade de concentração é pequena, jamais conseguirá manter-se numa tarefa por tempo suficiente para ser bem-sucedido. Estará constantemente pulando de atividade em atividade, de projeto em projeto,

As práticas corretas

de um interesse a outro, sempre ocupado, mas nunca realizando algo de valor.

O seu objetivo deve ser realizar toda e qualquer atividade com precisão, momento após momento, e quando bem desejar. Isso não é fácil. É da natureza da mente ficar saltando de um ponto a outro. Porém, por meio da prática, você poderá aprender a interromper essa atividade mental – aumentando a capacidade de centrar a atenção numa só coisa por mais tempo. Assim, ficará mais relaxado, pensará com mais clareza e enxergará a solução para os problemas com mais facilidade.

P E R D Ã O

Todos nós temos um limite em nossa capacidade de perdoar. Se você chega a uma reunião cinco minutos atrasado, não há problema. Se o atraso for de quinze minutos, as pessoas ficarão furiosas. Isso porque cada um tem seu conjunto de regras de bem viver, que inclui o que é certo ou errado, o que é aceitável e o que não é. Nessa lista, consta uma seção em letras minúsculas, que diz: "Todos os seres humanos devem obedecer às regras aqui estipuladas". Caso contrário...

O que direi a seguir pode deixá-lo em estado de choque, portanto prepare-se. O seu conjunto de regras não é o único que existe. Na verdade, provavelmente existem tantos conjuntos de regras quanto humanos no planeta. É claro que os temas coincidem, às vezes: "Não matarás", e coisas do gênero. Porém, quando se trata da vida cotidiana, o que importa são regras como "Não chegarás quinze minutos atrasado". Em outras palavras, é a infração de nossas regras sutis e pessoais que acaba gerando ressentimentos.

Por mais estranho que pareça, os homens foram concebidos para cometer erros. Isso mesmo: sempre cometeremos erros. Encaremos o fato. Estamos sempre decepcionando as pessoas. Haverá alguém que não decepcione os outros? Continuaremos a cometer deslizes, erros tolos e a fracassar. Não fosse assim, nunca

Pura sabedoria

evoluiríamos. Não teríamos motivação alguma para o aperfeiçoamento. Não haveria nada a ser melhorado.

Por que, então, temos tamanha dificuldade de perdoar as pessoas quando violam nossas regras? É estranho. Não ficamos ressentidos com uma galinha que cacareja, pois isso é o que as galinhas fazem. Porém, se nosso melhor amigo, colega ou amado não obedece ao artigo 34b de nosso código de conduta pessoal, pronto: deverá pagar por isso. Normalmente, a punição é cobrada na mesma moeda, uma retaliação ou vingança. Mas será preciso rebaixar tanto o nível de comportamento? Em outros momentos, a punição é mais sofisticada: um boicote no relacionamento. Em ambos os casos, fazemos questão de que a pessoa que nos magoou saiba o tamanho de nossa mágoa; essa é a nossa punição. Queremos que ela sinta a mesma dor que nós, ou algo ainda pior. No entanto, quando nos recusamos a perdoar, acabamos punindo a nós mesmos.

Em certo sentido, não há razão nenhuma para que se perdoe alguém por causa de coisa alguma. Isso porque o perdão implica o fato de haver uma intenção por trás do erro do outro. Porém, quando magoamos alguém, não estamos em nosso melhor momento, nunca. Sempre fazemos o melhor que conseguimos, considerando o lugar em que nos encontramos, as circunstâncias que enfrentamos e as ferramentas que temos para lidar com essas situações. Se tivesse sido possível, teríamos feito melhor.

Nada fácil, sei disso. Todos têm limitações. Porém, devo esclarecer: é você quem dá aos outros o poder de magoá-lo. E pode recuperar esse poder. Se alguém o ofende, desrespeita ou insulta, você pode decidir o modo como responderá a essa situação.

> **Você pode decidir o modo como responderá à ofensa, ao desrespeito, ao insulto.**

As práticas corretas

Tenha em mente que a outra pessoa é imperfeita, está confusa, emocionalmente desequilibrada e carente de amor e atenção. Que ela está sofrendo ou em estado frágil. Assim, será mais fácil agir com compaixão. Além disso, não haverá necessidade alguma de perdoar.

Esse modo de vida não implica que você deva permitir que os outros passem por cima de você. Defenda-se, quando necessário. Porém, não fique ensaiando as "atitudes erradas" na mente, nem passando o sal na ferida várias vezes. Entregar-se a um sofrimento mental não o fará sentir-se melhor. E, no fim das contas, a intenção é fazê-lo sentir-se bem, ter mais paz de espírito e alegria. Assim, não torne a experiência ainda mais difícil, livre-se dela.

DOAÇÃO

Para algumas pessoas, dar é sinônimo de sacrifício. Porém, existe uma grande diferença entre doação e sacrifício. A doação baseia-se em um desejo autêntico de ajudar os outros. A noção de sacrifício deriva da falsa ideia de que, para proporcionar algo a alguém, é necessário, em primeiro lugar, que você se prive disso. Esse é um mito bastante arraigado. Porém, a doação só lhe traz benefícios. Ela contribui para a sua realização. "Mas esse não é um modo egoísta de agir?", você poderá perguntar. Sim, é verdade. Mas, num nível mais profundo, ao ajudar os outros, você contribui para realizar o seu próprio interesse. Eu me explico.

Dar é saudável. A natureza está constantemente dando e se renovando. A árvore livra-se das folhas; certos animais abandonam a pele original; o sol libera calor. Na natureza, se as coisas se multiplicassem sem que houvesse a morte e a renovação, o ecossistema seria afetado. À medida que nos retraímos, passamos a acumular e paramos de doar, tornamo-nos um obstáculo para nós próprios. Portanto, esqueça o mito "doe *versus* prive-se" e substitua-o por "doe para viver".

> Dar é saudável. A natureza está constantemente dando e se renovando.

Pura sabedoria

Em geral, quando as pessoas doam alguma coisa, no fundo têm a expectativa de receber algo em troca, igualmente valioso – mesmo que não seja hoje ou amanhã, mas em um momento futuro. Elas dão para poder receber – não da vida, mas diretamente da pessoa a quem fizeram a doação. Isso é um erro. Não há necessidade de abrir uma conta de créditos e débitos para aqueles que você presenteia.

Quando você dá, a vida sempre o abastece do que você necessita. Assim, não se preocupe com o que receberá de volta das pessoas. A partir do momento em que acreditar que a vida lhe trará as coisas de que precisa, você se sentirá livre para dar sem esperar retorno. Você dará da mesma maneira que uma rosa lhe dá a experiência de apreciar a cor vermelha ou sentir seu perfume. A doação passará a fazer parte de sua natureza. Você dará pelo mero prazer de dar.

Em suma: compartilhe seus dons, talentos e habilidades, para se tornar especial na vida das pessoas. Seja generoso. Esse é o caminho para uma vida mais satisfatória.

DESPRENDIMENTO

Em grande parte, o sofrimento humano ocorre pelo fato de não sabermos praticar o desprendimento. Ficamos agarrados a pensamentos e experiências desagradáveis quando deveríamos nos esquecer deles. Ou então tentamos resolver os problemas emocionais reprisando na mente, repetidamente, o episódio que desencadeou aquelas emoções. Porém, com esse esforço acabamos perpetuando o sofrimento em vez de melhorar a situação. Precisamos deixar tudo isso para trás, permitindo que os sentimentos ruins desapareçam naturalmente – no fim, é o que acabará acontecendo.

Deixe tudo isso para trás, permitindo que os sentimentos ruins desapareçam naturalmente – no fim, é o que acabará acontecendo.

É como pedalar numa bicicleta de academia. Se você parar de pedalar, a certa altura o movimento das rodas cessará. Agarrar-se a um pensamento é como estimular a rotação. Continuamos a pedalar. Repassamos o mesmo pensamento inúmeras vezes na mente. Tornamo-nos tensos e irritados. Não estamos indo a parte alguma, mas a sensação que o corpo tem é a de ter completado o circuito no Tour de France.

Em geral, criamos os próprios obstáculos e retardamos nosso progresso. Uma historieta ilustra bem esse argumento. Três homens

Pura sabedoria

decidiram fazer uma viagem. Cada um deles carregava duas mochilas ao redor do pescoço, uma na frente, outra atrás. Qual dos três terminou primeiro a viagem? Vejamos.

Perguntaram ao primeiro homem o que ele levava nas mochilas. "Nesta aqui, às minhas costas", respondeu, "carrego todas as boas ações de meus amigos. O que os olhos não veem o coração não sente; desse modo, não preciso fazer nada com respeito a elas. São logo esquecidas. A mochila da frente contém todo o mal que as pessoas me causam. Todos os dias, ao longo da viagem, faço uma pausa e tiro essas coisas ruins da mochila para examinar. Isso acaba ralentando meu ritmo, mas pelo menos ninguém sai impune."

O segundo homem disse que carregava suas próprias boas ações na mochila da frente. "Sempre as mantenho na minha frente. Sinto prazer em tirá-las da mochila para tomar um ar." "A mochila de trás parece pesada", notou alguém. "O que há nela?" "São apenas alguns pequenos erros meus", disse o homem. "Mantenho-os sempre às minhas costas."

Perguntaram ao terceiro homem o que ele carregava nas mochilas. "Na da frente, carrego as boas ações de meus amigos", disse. "Ela parece cheia, deve estar pesada", observou alguém. "Não", afirmou o homem. "A mochila é grande, mas não está pesada. Longe de ser um fardo, ela é como as velas de um navio: me ajuda a seguir adiante." "Percebi que a mochila de trás tem um furo no fundo", comentou alguém. "Ela parece vazia e sem utilidade." O homem respondeu: "É aqui que eu coloco todo o mal que os outros me causam. Ele simplesmente cai pelo buraco e se perde. Assim, não tenho nenhum peso para me atrapalhar no percurso".

A lição: não permita que suas experiências desagradáveis afetem seu ritmo. Aprenda a desapegar-se de pensamentos pouco saudáveis. Lembre-se: você não será capaz de desfrutar o agora se continuar pensando em todas as coisas ruins que lhe aconteceram ontem.

O U V I R

Você já notou que as pessoas que falam pouco tendem a dizer coisas mais profundas? Talvez seja o caso de afirmar que elas são mais bem remuneradas por isso. Muitos não conseguem perceber que o ato de ouvir é um dom pelo qual somos remunerados, já que fazemos isso naturalmente. Porém, o que não compreendemos é a diferença entre escutar e ouvir. Pois, se a escuta é involuntária, o ato de ouvir não é. Isso está resumido no velho provérbio chinês: "Olhamos, mas não vemos; escutamos, mas não ouvimos...". Para ouvir, é preciso atenção.

Sua atenção é um bem valioso. As empresas gastam enormes quantias com a produção de anúncios publicitários e *outdoors* que possam captar sua atenção. Sons, músicas e *jingles* também a disputam. Porém, ouvir implica concentrar-se de modo consciente em um desses apelos sonoros. Não é uma atividade passiva, mas uma escolha.

Na verdade, a plena atenção é o presente mais valioso que você pode dar a alguém. É um ato de amor. Se você prestar pouca atenção em seu parceiro, muito em breve ele prestará pouca atenção em você. Se

> A plena atenção é o presente mais valioso que você pode dar a alguém.

Pura sabedoria

der pouca atenção aos seus filhos, em breve eles darão pouca atenção a qualquer coisa (o célebre DDA, distúrbio do déficit de atenção). Sua atenção confirma a existência do outro. Ninguém gosta de ser ignorado ou de ter a sensação de que não é importante. Em certo sentido, o amor não passa de atenção. Ser chamado de "bom ouvinte" é sempre um elogio. E não há como fingir: as pessoas percebem quando você não está ouvindo. Quando ouvimos, compreendemos profundamente as necessidades do outro, reduzimos o número de mal-entendidos e construímos relacionamentos sólidos. O ato de ouvir está no centro da comunicação, e tudo o que contribui para que você seja um bom comunicador também é valioso em termos profissionais.

Infelizmente, as pessoas com ambições profissionais geralmente acreditam que falar muito as ajudará mais do que ouvir. Isso porque, na percepção delas, os profissionais bem remunerados costumam ser autoconfiantes, articulados, eloquentes, além de ter muitas coisas interessantes a dizer. Porém, ao se esforçarem para parecer inteligentes, elas usam uma linguagem complexa, uma terminologia ambígua, criticam as ideias dos colegas em reuniões e interrompem no meio as frases de seus interlocutores. Elas simplesmente falam demais e ouvem de menos.

Porém, o ato de ouvir não se limita às outras pessoas. Tem a ver com a capacidade de ouvir a si próprio, também. Se aprendermos a fazer pausas e a intercalar a fala com períodos de silêncio, seremos capazes de descobrir um guia interior. Todos nós temos um, mas nem sempre o desfrutamos completamente. Em geral, há ruído demais na mente. Porém, quanto mais você ouvir, mais silencioso será. Não há necessidade de buscar esse guia. Tudo o que você precisa é estar consciente dele. A verdade é que todos nós escutamos, sentimos ou sabemos qual é a melhor coisa a ser feita. Mas poucos realmente ouvem.

PAUSAS

No caratê, se a sua intenção é tornar-se um lutador exímio, os treinos regulares, a repetição e o empenho total são essenciais. Mas só até certo ponto. O excesso de treinos não proporciona ganho algum. A condição física adequada resulta do equilíbrio entre treino e repouso. É durante as pausas que o corpo se fortalece. O mesmo acontece com todas as atividades na vida. Para progredir, são necessários intervalos regulares. Na verdade, o melhor benefício proporcionado pelo exercício é o repouso... repouso e atividade; repouso e atividade; repouso e atividade. É como uma melodia cantada pelos seres vivos. Essa é a trilha sonora da vida.

> Repouso e atividade; repouso e atividade. Essa é a trilha sonora da vida.

O problema é que, na cultura contemporânea do "preciso fazer algo", mal encontramos tempo para dormir um número suficiente de horas, quanto mais para descansar. A sociedade não nos estimula a fazer pausas. Passamos quase o tempo todo em busca de algo, fazendo coisas e tentando "chegar lá". Dinheiro, fama, poder e *status* – eis os critérios para medir o sucesso. Não resta dúvida, é importante ter objetivos. Não há nada de errado em fazer coisas. Porém, é possível diminuir o ritmo. Você pode fazer pausas. As rodas da engrenagem continuarão funcionando normalmente.

As pausas representam um aspecto essencial do caratê. Observe um lutador profissional em atividade: você notará que o ataque e a defesa não acontecem de maneira contínua. Os bons lutadores procuram brechas, analisam as reações do adversário e reavaliam a própria estratégia. Os lutadores novatos, por sua vez, desferem uma sucessão interminável de ataques. Rapidamente ficam exaustos, tornando-se, assim, vulneráveis aos perigos. O mesmo acontece na vida: nem sempre conseguimos mais ao correr mais rápido ou trabalhar mais. Às vezes, é mais produtivo recuar e fazer uma pausa.

Alguma vez você já se sentiu paralisado? Então sabe qual é a sensação. Você tenta de tudo para progredir, mas é como se as rodas simplesmente girassem, nada parece acontecer. Muitos de nós (eu me incluo aqui) já passaram por essa experiência. A melhor coisa a fazer quando você já tentou de tudo, e nada parece funcionar, é... nada. Faça uma pausa. Fique parado e a solução mais adequada surgirá por si mesma. O clássico filme *Operação Dragão*, de 1973, retrata muito bem essa abordagem: Bruce Lee se vê preso dentro de um elevador, sem saber o que fazer. Ele se senta. Cruza as pernas. E faz uma pausa. Em alguns minutos, encontra uma maneira de sair dali. Às vezes, tudo o que temos a fazer é aceitar a situação em que nos encontramos para ver o que acontece. A ação que surge a partir dessas bases geralmente é eficaz. Em meio à imobilidade, surge a clareza.

Mas a desaceleração do ritmo não se limita ao corpo. Relaciona-se, também, ao movimento da mente. Mesmo quando o corpo está em repouso, a mente pode ainda estar acelerada. Quando você está acelerado, é como se a mente saltasse para fora de sua cabeça (o lugar onde ela mora). Porém, ao fazer uma pausa mental, você a recupera. Mesmo quando está relaxando no sofá, se a mente não estiver descansando, você também não estará. A aceleração mental é como correr sem sair do lugar: você não está indo a parte alguma, mas ainda assim se sente exausto.

As práticas corretas

Para relaxar a mente, centre o foco. Pare de reprisar acontecimentos do passado ou de imaginar como as coisas poderiam ser no futuro. Esteja ciente do lugar onde você se encontra neste momento e do que se passa ao redor. Faça um intervalo. Desacelere. Faça uma pausa.

PLANEJAMENTO

Não há a mínima necessidade de começar uma ladainha, aqui, sobre a necessidade de planejamento. Conhecemos o velho ditado: "Se você não planeja, está planejando para o fracasso". É raro encontrar um livro voltado ao desenvolvimento pessoal que não mencione a importância do planejamento. É como um mantra, repetido de novo, de novo e... de novo. Funciona como uma canção de ninar. Mas já é hora de despertar para a sabedoria embutida nessa mensagem. Todos estão dizendo a mesma coisa por um motivo: o planejamento funciona.

Quando você tem um sonho, é capaz de criar a paixão e o comprometimento necessários para chegar aos resultados que pretende. Porém, um sonho sem planejamento é inútil. Não faz mal sonhar, contanto que você levante e coloque seu plano em ação, quando o despertador tocar. Isso funciona como o seu despertador matinal.

Ao transformar seu sonho numa série de passos administráveis, com o estabelecimento de prazos, você para de sonhar, simplesmente. Na verdade, o planejamento nada mais é do que um sonho ou um objetivo com um prazo. Encare a situação da seguinte maneira. Imagine que um parente seu se casará numa cidade a trezentos quilômetros de onde você mora. A cerimônia começa às nove horas da manhã. Seu objetivo: chegar ao local do casamento às nove horas. Agora, é necessário planejar a viagem.

Pura sabedoria

Se você decidir ir até lá de carro, terá de sair de casa às seis horas, o que lhe daria três horas para chegar ao destino. Antes de partir, é prudente examinar um mapa, para saber por onde exatamente você tem de ir. Nunca se sabe, se você procurar caminhos diferentes, poderá encontrar atalhos.

> O planejamento nada mais é do que um sonho ou um objetivo com um prazo.

Além disso, é sensato checar se a estrada que você pegará tem algum trecho em obras, que possa atrasar a viagem. O mesmo acontece na vida. Se planejar, você poderá encontrar atalhos e percorrer caminhos que tenham o menor número de obstáculos.

A seguir, é importante pensar nos passos para chegar ao objetivo. A que velocidade terá de ir? Fará alguma parada no caminho? Quanto de combustível será necessário? É preciso fazer alguma revisão no carro, antes de partir? Essas são apenas algumas coisas que você deve levar em conta se quiser chegar a tempo ao destino. Os detalhes permitem que os planos sejam efetivamente colocados em ação. Portanto, examine tudo com cuidado antes de agir.

E não se esqueça: os planos devem ser flexíveis também. Considere o exemplo dos DJs. Eles preparam seus *set lists* para cada festa individual. Mas podem alterar a ordem das músicas, dependendo da reação do público a cada uma das faixas tocadas. Quando você coloca um plano em ação, haverá momentos em que terá de fazer ajustes. Os planos não são estáticos. Devem ser alterados e atualizados conforme as circunstâncias. Neste mundo, tudo muda, a vida é sinônimo de mudança. Assim, esteja preparado também para mudar seus planos.

Nem sempre as coisas funcionam como planejado. Porém, estabelecer o rumo para chegar aonde você deseja ou realizar qualquer objetivo importante é melhor do que ficar sentado, esperando.

As práticas corretas

Você não pode deixar que tudo seja determinado pela maré. Não há nenhuma garantia de que, se for empurrado por ela, você chegará à praia que escolheu.

DIVERSÃO

Há pessoas que tendem a levar esse papo de autodesenvolvimento demasiadamente a sério. Isso talvez aconteça porque, para alguns, "chegar lá", ou vencer, é tudo o que importa na vida. Por outro lado, existem aqueles que não se levam suficientemente a sério. Para eles, a única coisa que importa é a diversão. "Fiquem espertos", eu aconselharia. O objetivo é chegar ao meio-termo, pois uma vida mais plena exige o equilíbrio entre a diversão e a seriedade. Sim, uma vez mais: equilíbrio.

> O primeiro arrependimento das pessoas no leito de morte é ter levado a vida demais a sério. Não siga esse caminho.

Em nossa cultura de "é preciso fazer algo", em geral resta pouco tempo para brincar e divertir-se. Mas lembre-se: o primeiro arrependimento das pessoas no leito de morte é ter levado a vida demais a sério. Não siga esse caminho. Além disso, o divertimento manterá você longe desse leito por mais tempo, pois a brincadeira e o riso são bons para a saúde. Ajudam a reduzir o estresse, liberando endorfina, que intensifica naturalmente sua sensação de bem-estar.

Divertir-se não implica, necessariamente, um comportamento amalucado e imprudente. Significa sorrir mais, rir mais e

Pura sabedoria

ter relacionamentos mais saudáveis. Além disso, como pude constatar no caratê, a diversão faz melhorar o desempenho. Chuang Tzu, filósofo chinês, resumiu bem essa ideia ao dizer: "Quando os arqueiros atiram suas flechas por puro prazer, conseguem usar sua plena capacidade; quando atiram visando um alvo de bronze, ficam nervosos; quando atiram pensando num prêmio de ouro, começam a enxergar dois alvos". Observe: quando você está relaxado, quando tem um espírito brincalhão e não pensa apenas no resultado final, seu desempenho melhora.

Infelizmente, nem todos os tipos de ambiente permitem a diversão. No início de minha carreira, meu gerente disse que eu não seria levado a sério se sorrisse demais. Não estou brincando. Há pessoas que acreditam que precisam ser sisudas para que os outros as levem a sério. Discordo. Se você é capaz de fazer com que determinado ambiente fique mais leve, isso mostra autoconfiança, controle e autoridade. Além do mais, se você se divertir no trabalho, estará menos estressado, ficará mais tolerante com tarefas domésticas ou mal remuneradas e mais satisfeito com seu emprego. Se está se divertindo, isso não é trabalho pesado – é uma diversão.

Ninguém está dizendo aqui que você deva sorrir e dar risada o tempo todo. Isso seria inadequado à maioria das situações. Mas escolha os momentos propícios, relaxe e divirta-se. Isso o ajudará também a manter os problemas pessoais em perspectiva. Pois, se você é capaz de rir dos próprios problemas, sempre terá um bom motivo para rir.

QUESTIONAMENTO

Certa vez, Einstein afirmou que, se ele estivesse prestes a morrer e tivesse apenas uma hora para pensar numa maneira de salvar a própria vida, passaria os 55 minutos seguintes em busca da pergunta exata. A partir de então, acreditava ele, levaria menos de cinco minutos para chegar à resposta.

É claro que é pouco provável que deparemos com uma situação dessas. Einstein estava simplesmente ressaltando a importância do poder das perguntas. Tenhamos mais cinco, quinhentos ou cinco milhões de minutos de vida, há uma pergunta que todos podemos fazer, uma pergunta com o potencial de transformar nossa vida. Antes de chegar a ela, quero apenas dizer algumas coisas.

Na infância, temos uma curiosidade natural, e fazemos perguntas sem a mínima restrição. Queremos saber o porquê de tudo. Por que temos de fazer as coisas de determinadas maneiras. Até mesmo por que temos de fazê-las. Lançamos perguntas repetidamente. Até que nossa curiosidade natural seja substituída pelas instruções formais: "Faça o que lhe foi mandado" e "Pare de fazer perguntas".

Na fase adulta, ainda temos uma curiosidade natural, mas as perguntas são feitas de um modo menos livre. Queremos saber por quê, mas não desejamos parecer idiotas; assim, deixamos de perguntar. Porém, mesmo que não tenhamos precisado enfrentar

Pura sabedoria

a censura de um mestre repressor na escola, de um pai ou uma mãe repressora ou de colegas excessivamente críticos, as perguntas que fazemos em geral são erradas. Nenhuma surpresa nisso – perguntar é uma arte, e raramente temos a oportunidade de aperfeiçoá-la. O que segue, portanto, é um curso intensivo.

A dica principal: não faça perguntas para coletar informações, e sim perguntas que conduzam à sabedoria. Isso porque cada pergunta com o fim de coletar informações leva a uma segunda pergunta. Talvez por isso alguns pais fiquem impacientes com os filhos que perguntam, sem parar: "Mãe, por que isso...?", "Pai, por que aquilo...?", "Mas por que...?". E isso não termina nunca. Cada pergunta leva a outra. Não estou sugerindo que você desista de aprender. Não há nada de errado com o conhecimento. Porém, a vida não é uma escola de conhecimentos; é uma escola de sabedoria.

A vida não é uma escola de conhecimentos; é uma escola de sabedoria.

É como se estivéssemos viciados na satisfação de ter conhecimentos. Porém, esse conhecimento não dura muito. Podemos saber o porquê disso, mas e o porquê daquilo? Se adotarmos esse procedimento em larga escala, acabaremos perguntando o porquê da existência do mundo. No fim, acabamos paralisados. Ao fazer perguntas que mobilizam a sabedoria, contudo, nós progredimos. Perguntas curtas e que mobilizem a sabedoria levam a soluções. Perguntas que possibilitam o acúmulo de informações não levam a parte alguma.

Aplique esse aprendizado ao problema imaginado por Einstein e verá como você é capaz de literalmente salvar sua vida. Pense nisso: se tivesse apenas uma hora para salvar a própria vida, não faria sentido algum perguntar "Mas por que eu?", "Por que isso

As práticas corretas

está acontecendo?". Estaria desperdiçando tempo. Seria melhor fazer perguntas que conduzissem à sabedoria: "O que preciso para poder passar por essa experiência?", "O que fazer para obter o que desejo?", "O que farei?". E se, mesmo assim, você não conseguisse encontrar uma resposta para se salvar, poderia perguntar: "Quem decidirei ser diante da morte?".

Aí está, portanto. Como prometi antes, a grande questão: "Quem decidirei ser?". Basicamente, o argumento é: não importa o tipo de desafio, dificuldade ou circunstância com os quais depara na vida, você é sempre capaz de escolher a atitude que terá diante deles. Uma mudança de atitude tem o potencial de solucionar qualquer problema. Ela o retira do imobilismo e lhe oferece possibilidades. Na verdade, trata-se menos de uma pergunta a ser respondida e mais de uma guia sobre como viver bem.

RELAXAMENTO

O relaxamento nos permite recarregar as baterias, ficar calmos e fazer pleno uso de nossa energia. Quando relaxamos, é como se estivéssemos desfazendo as dobras de uma mangueira. A energia passa a fluir livremente, sem obstruções. E, à medida que ela começa a circular no corpo, recuperamos o impulso natural de agir.

Para ter o melhor desempenho possível, contudo, precisamos do equilíbrio entre a tensão e o relaxamento. Imagine o que aconteceria se você perdesse a capacidade de tensionar os músculos do corpo. Entraria em colapso. A tensão é um aspecto importante da vida. Porém, viver com uma tensão desnecessária é como tentar dirigir um carro com o freio de mão puxado. Para poder seguir adiante, e com velocidade ilimitada, temos de soltar o freio.

A maioria das pessoas já se acostumou a conviver com uma tensão desnecessária no corpo. Em geral, ela se concentra sobre os ombros. São eles que tradicionalmente têm carregado os fardos da vida. Lembre-se de relaxar os ombros; você ficará surpreso ao notar a sobrecarga que existe sobre eles.

> A tensão desnecessária mina nossa energia da mesma forma que um vazamento de água num cano.

Pura sabedoria

A tensão desnecessária mina nossa energia da mesma forma que um vazamento de água num cano. E, caso permaneça, logo se transformará em doença física. Para reverter esse processo, devemos aprender a relaxar. De que modo? Comece com o corpo. Ele é a entrada e também a saída.

Grande parte da tensão do corpo não é percebida, pois a atenção da mente geralmente está voltada para fora do corpo. Porém, para relaxá-lo, é preciso que nos tornemos conscientes dele. Portanto, volte a atenção para dentro de você. Neste exato momento, como está sua postura? Está largado num sofá ou esparramado numa cadeira? Sente-se confortável? Sua postura está criando algum tipo de tensão em alguma parte do corpo? Lembre-se: se o corpo está tenso, ele está desperdiçando energia. Se você adquire consciência da tensão e simplesmente permanece com as sensações, naturalmente ajustará sua postura. E aos poucos a tensão acabará desaparecendo.

Relaxar o corpo é importante, da mesma forma que o relaxamento da mente. Na verdade, a tensão na mente cria a tensão no corpo. Se tiver pensamentos negativos, pouco saudáveis e cheios de amargura, logo perceberá os músculos se contraindo. Pensamentos nocivos também fazem mal ao corpo. Aprenda a relaxar a mente para se livrar dos pensamentos pouco saudáveis. Estará a caminho de uma vida com mais energia.

E de que modo podemos relaxar a mente? O segredo está na respiração consciente. Normalmente, não temos consciência da própria respiração, e isso ocorre porque, na maioria das situações, respiramos sem pensar. É só quando a respiração nos falta que adquirimos consciência a seu respeito. E, quando a perdemos, nos desconectamos[4]. Isso porque o cérebro depende do oxigênio para sobreviver. Se você cortar o fornecimento de oxigênio, ele parará de funcionar.

---

[4] No original, *we lose our mind*, ou "enlouquecemos". (N. T.)

As práticas corretas

Quando centramos o foco na respiração, recuperamos a capacidade de respirar bem. Portanto, sente-se corretamente. Relaxe e perceba a respiração entrando e saindo do corpo. Não tente respirar, simplesmente deixe que isso aconteça. No momento em que a mente começar a divagar, traga-a gentilmente de volta à respiração. Assim ela fica relaxada e você recupera por completo as faculdades mentais. Ao manter o foco da atenção na respiração, conseguimos trazê-la para o momento presente. Livramo-nos de pensamentos compulsivos. Além disso, nos sentimos melhor e o corpo fica mais funcional.

S I M P L I F I C A R

O domínio das técnicas de caratê implica alcançar o maior proveito possível com a energia que se gasta. Os lutadores habilidosos não fazem movimentos desnecessários. Eles simplificam as técnicas de modo que sejam executadas com a maior eficiência possível. Não curvam as mãos antes dos golpes. Percorrem o trajeto mais curto até chegar ao alvo. Compreendem que um soco simples é o mais poderoso. Assim, evitam o uso de técnicas complexas. Em suma: simplificam.

Na vida, em geral, fazemos muitos movimentos desnecessários. Queremos adquirir uma casa maior, o carro mais rápido ou a lancha mais veloz. Sempre queremos mais. Mais dinheiro. Mais fama. Mais parafernália eletrônica. Mais pares de sapatos. No fim das contas, nossos anseios e desejos tornam a vida mais complicada. Buscamos os *desejos* em vez das *necessidades*. Tentamos permanecer no mesmo patamar de nosso vizinho e acabamos trabalhando muito mais, aceitando trabalhos extras e sentindo um estresse maior.

Solução: reduza sua quantidade de *desejos* e sua vida será simplificada. A melhor

Se o objeto não for capaz de preenchê-lo, renuncie a ele.

Pura sabedoria

forma de chegar a isso é fazer uma lista de todas as coisas de que você precisa e, a partir dela, eliminar o que não é essencial – os *desejos*. É necessária uma grande clareza em relação a isso, pois os desejos geralmente se escondem em sua lista, disfarçados de necessidades. Isso porque a mente tende a justificar as coisas de que não precisamos, de fato. Se tiver dificuldade em eliminar um item da lista, pergunte a você mesmo: "Esse item me trará uma gratificação temporária ou uma satisfação duradoura?". Se não for algo que o satisfaça, não é uma necessidade. Em suma: se o objeto não for capaz de preenchê-lo, renuncie a ele.

Comece a agir: simplifique sua vida. Torne-a menos complexa. Dê prioridade às coisas que precisa fazer. Trabalhe em uma tarefa por vez. Não comece nenhuma se não for capaz de terminá-la. Renuncie a certas coisas. Lembre-se de quem e do que é mais importante em sua vida e esqueça-se do resto. Siga seu coração. Aprenda a dizer "não". Seja assertivo. Pense com clareza. Fale de maneira clara. Diga muito com poucas palavras. E lembre-se: quanto mais simples for a sua vida, mais rica será. Em suma: isso é simplicidade.

A EXPANSÃO DOS LIMITES[5]

O desenvolvimento acontece no momento em que você expande seus limites. Ele é resultado de sua saída da zona de conforto, um movimento que o leva ligeiramente além do ponto de resistência. Ele consiste em encarar e superar os desafios. Quando você alça novos voos e desenvolve novas técnicas, aumenta a probabilidade de que a vida lhe traga maior satisfação. Porém, não expanda seus limites até o limiar da dor. Incômodo? Sim. Dor? Não. Em outras palavras, esqueça o provérbio "Sem sofrimento, não há ganhos". E lembre-se: "Sem incômodo, não há desenvolvimento".

No caratê, muitas das combinações de movimentos e de exercícios não teriam grande utilidade prática numa luta real. Porém, esses exercícios cumprem o papel de estender os limites e desenvolver a flexibilidade, a força, o equilíbrio e a coordenação – características que podem ter utilidade em um combate. Ao adotar essas práticas, aprendemos a tolerar o incômodo. E fortalecemos a vontade de caminhar na direção dele. Essa é a única maneira de se aperfeiçoar. O mesmo acontece com a vida. É no limite de sua zona de conforto que você encontra o próximo patamar em seu desenvolvimento. Portanto, se algo faz com que se

---

[5] No original, *stretch*, que também tem as acepções de "estender-se", "esforçar-se", "alongar" e "esticar" (N. T.)

Pura sabedoria

sinta incomodado, olhe para isso bem de perto. Pode ser a porta de entrada para uma vida mais satisfatória.

Se você busca o desenvolvimento, precisa passar pela sensação de incômodo. Portanto, estabeleça objetivos desafiadores. Não há muita graça em participar de um jogo que você consegue vencer facilmente. Quando precisa estender seus limites, sente satisfação com a conquista que obteve. Assim, estabeleça metas que o retirem da zona de conforto. Busque novos voos. Desenvolva técnicas novas. Isso fará com que se sinta mais vivo e satisfeito.

Quando não há incômodo algum, continuamos rígidos, imóveis. Resistimos às mudanças. Não aprendemos nada de novo e não crescemos.

Temos a tendência de permanecer na zona de conforto, física e mentalmente. Porém, quando não há incômodo algum, continuamos rígidos, imóveis. Resistimos às mudanças. Não aprendemos nada de novo e não crescemos. Por isso, procure estender seus limites, tanto no nível físico quanto no mental. Faça algo que lhe traga algum tipo de incômodo.

Faça o seguinte exercício. Em pé junto a uma parede, mantenha os pés junto do solo. Estique um dos braços para cima até onde conseguir. Quando chegar ao seu limite, avance um pouco, 1% a mais. Veja se consegue esticar um pouquinho mais. A maioria das pessoas consegue. Todos têm uma pequena porcentagem adicional que podem dar de si mesmas, ainda que tenham atingido o limite.

CONFIANÇA

Imagine que eu lhe proponha uma pequena brincadeira relacionada à confiança. Fique de pé à minha frente, com as costas voltadas para mim. Deixarei uma distância de 1 metro entre nós dois. Agora, solte o corpo para trás, mantendo-o reto. Não olhe para os lados, estarei aqui para amparar seu corpo. Você confiaria em mim? Sua resposta pode estar condicionada a uma série de fatores. Talvez a primeira coisa que você queira saber seja se consigo aguentar seu peso. A seguir, talvez queira assistir a uma demonstração de minha habilidade, com outra pessoa. É certo que um número contínuo de demonstrações bem-sucedidas faria com que seu medo e sua percepção de risco diminuíssem.

No entanto, meu histórico nessa atividade não é o único fator capaz de determinar em que medida você confia em mim. Todos nós temos nossas histórias pessoais quando o assunto é confiar nas pessoas. Uma série de experiências bem-sucedidas pode ajudar a estabelecer uma relação de confiança entre nós dois. Por outro lado, se em algum momento passado sua confiança foi traída, talvez fique totalmente desconfiado de qualquer pessoa. Nenhuma dessas posturas é melhor ou pior. Ambas podem ter resultados bons ou ruins. Por exemplo, a confiança excessiva às vezes o leva a decisões imprudentes, ao passo que a confiança perdida pode torná-lo menos crédulo e menos suscetível de ser passado para trás.

Pura sabedoria

Infelizmente, não existe uma fórmula universal que determine o nível de confiança de alguém. É certo que devemos observar as ações de uma pessoa por um determinado período de tempo antes de lhe dar um voto de confiança. Porém, não há como ter certeza absoluta em relação às atitudes dela no futuro. Assim, chegará o momento em que você terá de confiar em seu próprio julgamento. No fim das contas, a confiança retorna na sua direção. Ninguém pode forçá-lo a confiar nessa pessoa. Cabe a você dar a ela, ou não, um voto de confiança. Em certo sentido, a confiança é exatamente isso: um presente.

Chegará o momento em que você terá de confiar em seu próprio julgamento.

Os relacionamentos se baseiam na confiança. Porém, isso não quer dizer que tenhamos de confiar numa pessoa em todas as esferas para criar uma ligação com ela. A confiança não é um conceito de "tudo ou nada". Se você deseja voltar a confiar em uma pessoa, lembre-se de que há sempre algo nela que lhe inspira confiança. As pessoas sempre demonstrarão um tipo de comportamento constante em algum aspecto de sua vida – mesmo que seja a inconstância delas em suas palavras e atitudes. Isso pode parecer estranho. Mas, uma vez que você sabe o que esperar de alguém, seja bom ou ruim, estará numa posição mais adequada para reatar os laços de confiança.

VITÓRIAS

Para algumas pessoas, tudo é motivo para competição. Elas sempre tentam chegar à frente dos demais, alcançar o topo ou ser as primeiras. Competem para ter o último lançamento, seja de qual for o produto. No local de trabalho, estão sempre em busca de um melhor desempenho e agem como guerreiros em luta contra um inimigo.

Sem dúvida, não há nada de errado em tentar ser o melhor, em vencer ou ser o número 1. Na verdade, o desejo de vitória é uma importante fonte de motivação. Ele lhe proporciona o impulso e a determinação. Porém, para vencer na vida, convém ter em mente a palavra-chave, uma vez mais: equilíbrio.

Se a determinação de vencer for o único motivo pelo qual você participa de uma atividade, você está procurando problemas. Quando a sua vida se resume a um único aspecto, isso pode deixá-lo fragmentado. Portanto, recue um passo. Considere o quadro geral da situação. Busque o equilíbrio. Como lhe dirá qualquer atleta profissional: a vitória é importante, mas não é tudo.

Certamente, não é fácil perder – sobretudo quando você tem algum tipo de apego emocional com o resultado dessa atividade. É claro que a vitória traz uma sensação mais prazerosa. Na verdade, para a maioria das pessoas, sua autoestima está diretamente associada à vitória, e essa associação é facilmente desfeita. Há, contudo,

Pura sabedoria

uma postura alternativa diante da vitória. Uma postura provada e comprovada. E que protege você dos perigos existentes na estrada que conduz ao sucesso.

Que postura é essa? É tratar a vitória e a derrota da mesma maneira. Por quê? Porque cedo ou tarde a euforia associada à vitória vai desaparecer. E muito em breve você terá de começar a buscar a vitória novamente. Perceba que, no fim das contas, os resultados são os mesmos. Se você perder, terá de trabalhar. Se vencer, terá de trabalhar também. Isso não quer dizer que não deva sentir prazer com suas conquistas. O fato é que a alegria associada à vitória é passageira, assim como a decepção da derrota. Quanto antes você romper toda e qualquer associação com esses sentimentos, mais cedo estará apto a se engajar de novo no processo – o que, afinal, é o verdadeiro objetivo.

É isso mesmo. A vitória tem a ver com o processo, não com o produto final. Ou seja: para vencer, é preciso que você abandone a ideia de vencer. Isso talvez pareça uma espécie de "confusionismo", em vez de "confucionismo", a filosofia chinesa na qual essa ideia tem origem. Mas tem sentido, completamente. Aprendi no caratê: tão logo você começa a centrar o foco no objetivo, para de ouvir o corpo. Você perde a ligação entre ele e a mente, essencial para um ótimo desempenho. O mesmo ocorre na vida: o foco em um determinado prêmio faz com que você se apegue ao resultado. O foco no processo, por sua vez, lhe permite ter acesso ao seu potencial e divertir-se mais.

> **A melhor postura diante da vitória é uma atitude de determinação desapaixonada.**

Em suma: a melhor postura diante da vitória é uma atitude de determinação desapaixonada. Mas lembre-se: o percurso é mais importante do que o prêmio. Portanto,

As práticas corretas

dê o melhor de si. Aprenda com os próprios erros. E desfrute o processo. Esse é o caminho para a vitória.

PARTE

3

A COMPREENSÃO CORRETA

CONSCIÊNCIA

Se o autoconhecimento, o conhecimento do *self*, representa o início de toda a sabedoria, esteja ciente de uma coisa: não existe o *self*. Não estou brincando. O conceito do *self* é uma ilusão. Sei bem que talvez seja difícil engolir essa história de uma vez só, portanto vou fragmentá-la.

Parte 1. Serei claro: o *self* não existe, mas isso não significa que você não seja real, obviamente. Significa que o *self* não é constante. Não há um "eu" que seja fixo, inalterável, permanente.

Pense nisso por um momento. De que modo você se descreve? A descrição corresponderá à sua aparência: "Alto, de cabelos pretos". O que faz? "Sou atleta, corro em maratonas." O que pensa? "Acredito que os eventos externos são responsáveis por grande parte da infelicidade humana." E o que sente? "Tenho ansiedade em relação a qualquer coisa que seja desconhecida, incerta ou potencialmente arriscada." Como você pode notar, nada disso é permanente. É claro que alguns desses aspectos podem ser um pouco mais permanentes do que outros. Talvez até haja a repetição de um padrão. Porém, em grande medida, todos eles são mutáveis. Em suma: você é um processo, e não um produto.

Parte 2. Agora que liberei você parcialmente da rigidez dos conceitos de um *self* fixo, constante e permanente, voltarei ao título deste capítulo: a consciência. Existe outro aspecto importante de

Pura sabedoria

nosso ser que, por mais que nos esforcemos, não pode ser descrito totalmente. Trata-se do processo inalterável da consciência.

A consciência é o que nos permite perceber o ambiente que nos cerca e as nossas experiências. Sem ela, o mundo não existiria. Ela é uma parte permanente dentro de nós. Assim, se você envelheceu visivelmente nos últimos dez anos, mas ainda se sente a mesma pessoa, provavelmente é porque a sua consciência, a lente através da qual você enxerga o mundo, não mudou. Em certo sentido, a consciência é o que você é na essência. Não somos capazes de enxergar a consciência, assim como não somos capazes de ver nossos olhos. A consciência é o observador. Não se pode localizá-la. Ela não deixa marcas. Não é, propriamente, uma coisa. Mas, em certo sentido, é tudo o que existe.

A consciência é o que você é na essência.

Mas a intenção não é confundi-lo com minha reflexão filosófica; deixe-me voltar ao ponto inicial, então.

Parte 3. O fato é que raramente agimos do ponto de vista da pura consciência. Em geral, cobrimos nossas experiências com algumas camadas. E tais camadas são formadas por nossa tendência natural de ouvir o que queremos ouvir e enxergar o que queremos enxergar. Assim, criamos estereótipos, pomos nossos relacionamentos em risco e tomamos decisões frágeis baseadas em informações inexatas. Esse é o problema. A solução: não julgue; observe. Tente perceber o que de fato está acontecendo em vez de se entregar a fantasias, lembranças, expectativas e medos. Retire as camadas e passe a enxergar sob o ponto de vista da consciência pura.

CONTROLE

Existe uma percepção comum no universo da autoajuda: a de que somos capazes de manipular ou controlar a vida. Criar nossa própria realidade. Fazer com que as coisas aconteçam. E mais: se não conseguimos isso, é porque devemos tentar com mais afinco. Tenha mais fé, use mais os seus sentimentos e assim por diante. Porém, todos esses conselhos induzem a erros.

Com certeza, a sensação de que se pode ter algum controle sobre a vida é saudável. Sem ela, não haveria nenhum motivo para fazer planos, estabelecer objetivos e partir para a ação. E, ainda que tal sensação de controle seja uma ilusão, ela tem utilidade. O problema é que o mantra "Você é capaz de criar sua própria realidade" passa a impressão de que o controle pode ser total. O que, realmente, não é o caso. Lembre-se: a vida é sinônimo de mudança, e ela nem sempre mudará na direção que escolhermos.

Ainda assim, buscamos um controle absoluto. Tentamos conduzir o mundo em determinadas direções. É como se nos julgássemos capazes de impedir que o mundo gire, segurando-o nos braços. Claro que isso não é possível. O universo nos levará para onde bem entender. Porém, em nossos esforços de adquirir o controle, ficamos tensos, aceleramos o ritmo, nos empenhamos mais, acumulamos coisas para fazer ao mesmo tempo. No entanto, a vida jamais poderá ser submetida a um controle total.

Pura sabedoria

Não me interprete mal. Não há problema algum em ter preferências e buscar uma vida melhor. Quem é que não deseja ter boa saúde, ter dinheiro e se divertir? Porém, quando não é possível fazer com que nossas preferências se materializem, devemos estar dispostos a aceitar esse fato e seguir adiante. Isso não significa abandonar a esperança de ter um futuro melhor, e sim aproveitar o máximo aquilo que obtemos. É claro que não seremos capazes de controlar o mundo exterior, mas podemos sempre escolher a melhor atitude a adotar diante dele.

Nosso controle não para por aí. Também tentamos controlar as pessoas. Tentamos submetê-las, de modo que não nos magoem. Assim, espiamos as chamadas no celular de nosso parceiro, xeretamos sua vida e o deixamos sufocado, de maneira que ele não tenha a oportunidade de ser infiel. Sabemos que nosso comportamento não é correto, mas queremos, a todo custo, evitar o sofrimento emocional. Porém, não entendemos que, assim como não é possível controlar o mundo, não há como controlar as pessoas.

Na verdade, não há muito que possa ser controlado na vida, mas sempre é possível controlar a si mesmo. Talvez você tenha ignorado esse aspecto, portanto vou repetir, de outra maneira: não importa o que lhe aconteça, você é sempre capaz de decidir o seu modo de *ser* diante desse fato. Assim, se perder o emprego, optará por sentir-se desmoralizado, arrasado, tratado de maneira injusta ou se sentirá motivado a iniciar uma nova carreira? Há sempre mais de uma possível postura a ser adotada diante de uma situação.

Sempre é possível controlar a si mesmo.

Resumindo: a vida nem sempre tomará o rumo que você deseja. Quando isso acontecer, devemos deixá-la seguir sua direção, pois ela provavelmente nos está levando

A compreensão correta

para o lugar onde devemos estar. Além disso, se refletirmos com sinceridade, veremos que nem sempre nossas decisões são corretas. Nem sempre sabemos o que é melhor para nós. Portanto, o fato de não termos um controle total talvez seja uma bênção. Imagine só se tivéssemos – provavelmente multiplicaríamos nossos problemas por dez.

Por isso, não lute constantemente contra a vida. Escolha suas batalhas. Quando as coisas lhe fugirem ao controle, poupe as energias. Aceite a realidade que lhe está sendo oferecida, sem se apegar às suas preferências. Se não pode controlar a vida, siga o rumo em que ela o conduz. Essa é a maneira de transformar a vida.

RELAXAMENTO E TRANQUILIDADE

Antes mesmo de colocarmos os pés na Terra, firmamos um contrato que nos obriga a fazer um esforço. Não é surpresa o fato de os bebês chorarem assim que nascem. Não há leite gratuito neste mundo. Se ele quiser comer, é bom que deixe isso bem claro. E, na fase adulta, as coisas não ficam mais simples. Para fazer com que a vida dê certo, temos de nos esforçar mais ainda.

Porém, a maioria de nós deseja ter uma vida fácil. Queremos colher os frutos sem ter de trabalhar. Assim, jogamos na loteria, fazemos apostas e nos arriscamos, na esperança de enriquecer. Com isso, se tivermos sorte, poderemos ter acesso a tudo sem precisar trabalhar duro. Contudo, não se tem uma vida fácil sem esforço. Até mesmo as pessoas que ganham na loteria descobrem que sua riqueza não impedirá o crescimento das ervas daninhas em seu jardim, tampouco que seus sapatos fiquem sujos. Dá trabalho fazer a manutenção dos bens materiais, e, no fim, tudo vira pó. Nada dura para sempre – nem mesmo um prêmio de 50 milhões de reais.

Porém, aparentemente não abandonamos o hábito de querer as coisas de graça. Desejamos ter tudo, mas sem esforço. Com isso, tudo começa a desmoronar, a vida torna-se difícil. Não é de surpreender que a luta para obter algo de graça dificulte ainda mais nossa intenção de conseguir o que desejamos.

Pura sabedoria

Além disso, muitos parecem confundir o esforço com a luta. O esforço significa empregar a energia em uma atividade. A luta é o esforço somado a árduas tentativas e ao desespero. Tal confusão talvez seja um resquício de nossa infância, quando frequentemente nos exigiam algum tipo de esforço. Esforce-se mais. Tente com mais afinco. Na infância, nem sempre tínhamos clareza sobre o que fazer ou para onde direcionar nosso trabalho. Assim, quando nos esforçávamos e os resultados não apareciam, ficávamos frustrados, tensos, e colocávamos ainda mais energia no processo todo. Logo, o esforço passou a ser sinônimo de luta.

Percebo esse condicionamento nos adultos que praticam caratê. Se você lhes pedir que treinem com mais afinco, automaticamente tensionarão o corpo, o que acaba interferindo em seu desempenho. Eles se tornam mais pesados e têm de lutar contra os músculos que os impedem de usar os outros músculos necessários para os movimentos. Em suma: um esforço maior leva a um progresso menor. Eles acabam ficando exaustos quando deveriam sentir-se revigorados. O mesmo acontece na vida: a tensão na mente e no corpo das pessoas leva a lutas desnecessárias e também à aversão a fazer esforços. A melhor atitude: ao fazer um esforço qualquer, relaxe. Assim, terá uma resposta melhor a situações em que um grande esforço é necessário e será mais sensível aos momentos em que isso não é necessário.

Um esforço maior leva a um progresso menor.

Um último aspecto importante. Se quiser conquistar qualquer coisa de valor na vida, você precisa trabalhar por isso. Porém, fique atento para não se apegar ao resultado final. A vida torna-se bastante árdua se você se agarra aos resultados ou se sempre espera que ela seja diferente do que já é. Para ter uma vida mais fácil,

A compreensão correta

o que você deve buscar é o equilíbrio entre o desejo de mudar e a aceitação das coisas como são, neste exato momento. Sim, faça um esforço para melhorar a vida, mas, antes de mais nada, coloque-se no estado de espírito adequado. Ao aceitar a sua circunstância do momento atual, e quem você é neste momento, sua mente estará mais apta a buscar o aperfeiçoamento. Se adotar essa perspectiva para fazer um esforço, poderá relaxar em relação às coisas que busca. E, assim, não haverá mais luta.

ENERGIA

A energia é o que determina nossa capacidade de agir no mundo. Nós a usamos para tudo, para ler um livro, preparar um jantar, até mesmo para o ato sexual. Certamente, quanto maior nossa energia, mais plenamente somos capazes de viver. Mas de que modo podemos aumentar o nível de energia?

Nossas principais fontes de energia são a alimentação saudável e o ar que respiramos. Basicamente, a alimentação combinada com o oxigênio é que nos sustenta. Porém, assim como um carro combina a gasolina e o ar para impulsionar o motor, a combinação entre a alimentação e o ar produz gases nocivos (ou, em linguagem técnica, os radicais livres). Explicarei isso tudo na sequência. Mas antes disso, entenda uma coisa: os seres humanos foram feitos para sobreviver. Porém, é interessante que a sobrevivência da espécie seja mais importante do que sua existência como indivíduo. Em outras palavras, quando pode optar entre a reprodução e o "conserto", o corpo escolhe a produção de bebês. É como se fôssemos mártires da causa da existência humana, sacrificando tudo pelo bem da espécie.

De volta, então, aos radicais livres.

Quando o alimento se mistura com o oxigênio do corpo, a fim de produzir energia, o subproduto disso é uma quantidade de substâncias destrutivas, chamadas radicais livres. Mas o corpo

Pura sabedoria

é equipado com um ótimo sistema imunológico para eliminá-los: produz antioxidantes, que os matam. Porém, quando seu sistema é sobrecarregado com substâncias nocivas, o corpo começa a procurar ajuda em outro lugar. Passa a depender dos nutrientes da alimentação. O problema é que, em geral, a alimentação carece dos nutrientes que podem ser úteis: os antioxidantes. Assim, o corpo é afetado, envelhece rapidamente e gasta energia com a eliminação de tudo o que não presta.

Na verdade, o principal consumo de energia decorre da tentativa do organismo de extrair ingredientes artificiais dos nutrientes que encontra. Ele precisa separar o joio do trigo. E, em geral, tal esforço acaba sendo excessivo, pois há mais joio do que trigo. Assim, em vez de nos dar energia, o alimento que ingerimos nos deixa péssimos. Isso, por sua vez, desencadeia um círculo vicioso, já que o organismo nos faz comer mais para obter os nutrientes de que tanto precisa. Porém, a maioria das pessoas acaba ingerindo uma quantidade maior de alimentos processados. E, em vez de sentir-se saudáveis e animadas, sentem-se gordas e cansadas.

Quer ter um corpo com mais energia? Comece, então, com a alimentação.

Quer ter um corpo com mais energia? Comece, então, com a alimentação. Procure ingerir alimentos ricos em nutrientes, não processados, e verduras. Em geral, frutas de coloração escura e vegetais têm altos níveis de antioxidantes, a exemplo de uvas vermelhas, mirtilos, brócolis e espinafre. Comece hoje mesmo, então, a incluir alguns desses itens em sua alimentação.

Mas o aumento do nível de energia não se limita à nutrição. Há outros elementos que sobrecarregam as funções de manutenção e reparo do organismo. Por exemplo, o excesso de atividade

A compreensão correta

física pode produzir radicais livres. Faça mais exercícios, mas em dose moderada. A tensão excessiva e os pensamentos negativos também provocam o desperdício de energia. Portanto, pratique exercícios de relaxamento e procure reduzir a quantidade de pensamentos que envolvam preocupação.

Em suma: se você pretende sentir-se bem e funcionar melhor, precisa dar menos trabalho ao sistema de manutenção e reparo do organismo. Assim, tente exercitar-se, ingerir alimentos – e ter pensamentos – que lhe tragam mais energia e saúde, em vez de fadiga e envelhecimento precoce.

FÉ

De antemão, o ponto principal: a fé está relacionada à confiança. Por exemplo, se eu for saltar de um avião, porei fé no paraquedas que está às minhas costas. Terei confiança, então, de que ele abrirá no momento em que eu puxar a corda – embora não tenha absoluta certeza de que ele abrirá até o momento em que tentar fazê-lo, a uma altitude de mil metros. O mesmo acontece na vida. Acredito que a vida queira o nosso crescimento. E minha fé no processo de desenvolvimento da vida é semelhante à fé no paraquedas. Não há nenhuma prova concreta de que a vida esteja tentando me desenvolver ou de que sempre esteja preocupada com meus interesses pessoais. Porém, a fé que tenho nessa percepção me mantém no caminho, crescendo e me aperfeiçoando.

Em outras palavras, minha atitude é a seguinte: independentemente do que me aconteça, no fim das contas, essa será a melhor das situações. O caratê me ensinou a lutar para vencer, mesmo que tenha poucas chances de vitória. Essa mentalidade sempre fará aumentar nossa possibilidade de sucesso. Pois, se acreditar que a vida está contra você quando a maré não estiver boa, talvez não tenha a motivação necessária para melhorá-la. Portanto, acredite que as coisas darão certo, no final. Essa é uma perspectiva saudável. Além de motivá-lo a começar, ela o mantém em atividade, particularmente quando deparar com grandes obstáculos. Lembre-se: quem crê alcança seus objetivos.

Pura sabedoria

Porém, não me entenda mal: não estou fazendo a promoção de uma fé cega. Fé não é sinônimo de esperança. Não se resume a esperar milagres, como seres humanos capazes de voar sem nenhuma ajuda ou algo improvável do tipo. A fé é ativa. Portanto, é claro que você deve checar o paraquedas antes da decolagem do avião. Não tem sentido viver de modo imprudente. Mas, assim que tiver terminado a checagem completa e garantido uma aterrissagem segura, acredite no paraquedas – o processo de desenvolvimento da vida.

A fé é o fator mais importante quando lidamos com altos níveis de incerteza. E isso inclui qualquer meta significativa na vida. Porém, para ter uma vida melhor e mais satisfatória, temos de nos sentir à vontade ao lado do desconhecido. Precisamos confiar em tudo o que nos é proporcionado a cada momento. Devemos ter fé na perfeição da vida. Aqui e agora, a vida está assim porque é assim que deveria estar. Seja o que for, aquilo que *é* está certo. Seja qual for a situação em que nos encontremos, ela é ideal para nós. Esse tipo de pensamento é útil. Contudo, se o adotar, tenha plena consciência de uma coisa: nem sempre a vida tentará evitar que você enfrente problemas. Quando as coisas ficam realmente difíceis, pode parecer que, em vez de apoiá-lo, ela o esteja punindo, como se tivesse feito algo de errado.

A fé é o fator mais importante quando lidamos com altos níveis de incerteza.

Mas nunca se esqueça: não estamos aqui para ser punidos, mas sim para ser aperfeiçoados. Assim como um mestre do caratê sabe o momento de dar o golpe, e quanto pode exigir dos alunos, a vida lhe proporciona a quantidade adequada de desafios que o obrigam a buscar suas qualidades interiores. Portanto, se você não tem obtido vitórias, se não tem se aperfeiçoado ou conquistado o que deseja na vida, aprenda a lição e acredite que é capaz de encontrar tudo isso.

LIBERDADE

A vida neste planeta é cercada de restrições. As leis da física determinam nossas atitudes do cotidiano, limitam os movimentos e definem nosso modo de vida. Porém, as possibilidades contidas em tais limites físicos são infinitas. Pense no seguinte: o teclado de um piano representa uma limitação para o pianista; porém, a música que ele pode criar no instrumento não tem limite algum. Assim, faria sentido ele desejar um teclado maior, maior número de braços ou de dedos? Ele precisa, de fato, livrar-se de tais restrições uma vez que pode realizar tanto dentro de tais limites? Com a vida, é a mesma coisa: fazemos grande esforço para escapar, quando toda a liberdade que necessitamos está dentro de nós.

Para muitos, liberdade significa ter permissão para fazer o que bem entender, no momento em que quiser – sem que haja consequências. Queremos a liberdade de poder chegar ao local de trabalho a qualquer hora do dia. Queremos a liberdade de dizer o que quisermos, quando quisermos. Queremos a liberdade de fumar cigarro ou maconha. Mas será que a liberdade se resume a isso? Claro que não. A verdadeira liberdade vem de dentro. Não provém de uma autoridade externa. O que realmente importa é a libertação dos hábitos mentais: impulsos, pensamentos pouco saudáveis e o ímpeto de agir a partir desses hábitos.

Pura sabedoria

O desejo de liberdade, em geral, é o desejo de se livrar do sofrimento. Examine de perto os seus vícios, seus maus hábitos e dependências: notará que são tentativas de evitar sentimentos desagradáveis. Achamos que, se vivermos livremente, em busca de experiências agradáveis e estimulantes, talvez não precisemos mais sofrer. E tememos a ausência de liberdade, pois isso poderá limitar nossa capacidade de buscar o prazer e evitar os incômodos. Todos querem se libertar do sofrimento. Porém, a maioria procura nos lugares errados. É paradoxal, mas é em meio ao desconforto que encontramos a verdadeira liberdade. Se queremos nos libertar do sofrimento, temos de aprender a enfrentá-lo. É necessário olhar para dentro, não para fora.

O desejo de liberdade, em geral, é o desejo de se livrar do sofrimento.

A estrada é toda acidentada. A vida é cheia de altos e baixos. E é próprio da natureza humana tentar controlar os pontos baixos. Na verdade, passamos a maior parte do tempo procurando controlar os momentos em que "mergulhamos" e o incômodo associado a tais momentos. Porém, tentar controlar o sofrimento é como tentar interromper o movimento da maré com as mãos. Você não pode detê-la, mas pode aprender a surfar sobre as ondas.

Todos têm suas limitações. Somos limitados emocional e fisicamente. Em certo sentido, somos também limitados em nossa capacidade de sentir prazer. É preciso reconhecer que não fomos concebidos para nos livrar do sofrimento, da mesma maneira que não nascemos com mais de dois braços. Portanto, devemos aceitar que o sofrimento sempre fará parte da vida e aprender a controlá-lo. Se você adotar essa perspectiva, é menos provável que permaneça preso à necessidade de encontrar "saídas". E assim conseguirá viver a experiência da verdadeira liberdade.

M E T A S

Todos nós definimos metas. Pense no seguinte: se você tem de tomar um ônibus que parte às 8 horas da manhã, deve estar na rodoviária alguns minutos antes. Se você se atrasar e perder o ônibus, poderá passar por essa situação mais algumas vezes, mas logo ficará farto dela. Então começará a se organizar para sair de casa mais cedo ou pegar o ônibus num horário mais tarde.

Não poderíamos sobreviver por muito tempo sem ter metas. Elas nos mantêm em atividade. Quantas vezes já não ouvimos relatos sobre pessoas que se aposentaram aos 60 anos e, dali a poucos meses, morreram? Quando não temos um objetivo na vida, nenhum sonho, nenhuma meta, é o fim da linha, o fim do jogo.

O problema com as metas é que as pessoas se fixam no produto, no resultado final ou nas consequências, em vez de focalizar o processo. Lembro-me do episódio de um aluno que pergunta a seu mestre de caratê: "De quanto tempo precisarei para chegar à faixa preta?". O mestre responde: "Cinco anos". "E se eu treinar três dias por semana?", pergunta o aluno. "Dez anos", responde o mestre. O aluno insiste: "E se treinar seis dias por semana?". Responde o mestre: "Quinze anos".

O argumento central: centre o foco no cumprimento de sua meta no momento presente. Faça o que for necessário, aula após aula, e acabará conquistando a faixa preta. Sem dúvida, não há

Pura sabedoria

problema algum em examinar o passado e aprender com ele; em imaginar o futuro e fazer planos. Porém, para melhorar o presente, você deverá sempre voltar... sim, você adivinhou – ao presente.

Mas não é só isso. Você deve ter consciência de outro risco inerente ao estabelecimento das metas. Explico. Definimos metas com a intenção de preencher uma lacuna. A lacuna existente entre a situação atual e a que imaginamos ser ideal. O problema desse tipo de atitude é que tendemos a nos concentrar na lacuna, particularmente quando deparamos com obstáculos importantes, e isso nos traz infelicidade. O sentimento de infelicidade mina a motivação e nos distancia das metas que estabelecemos.

Para a maioria das pessoas, a felicidade é um subproduto da conquista. O problema aparece quando você finalmente se dá conta de que nem sempre é capaz de manipular ou controlar a vida. Nem sempre é capaz de fazer com que as coisas aconteçam. Nem sempre conseguirá o que deseja, no momento em que deseja. É aí que a infelicidade se instala. E, se seu foco estiver na lacuna, você comparando o lugar onde está e aquele em que deseja estar, isso só fará aumentar a lacuna e também a infelicidade.

O importante não é o que você obtém ao atingir suas metas, mas sim o que você se torna.

Assim, o que fazer? O caratê lhe oferece uma possibilidade alternativa em relação à definição de metas. Ele o ensina a considerar as metas simplesmente como algo a ser atingido. A aceitar o fato de que nem sempre elas poderão ser alcançadas. E, acima de tudo, esta lição: o importante não é o que você obtém ao atingir suas metas, mas sim o que você se torna.

SAÚDE

Há quem diga que o corpo é um templo. Bobagem. O corpo é um verdadeiro milagre. Pois então me diga: onde mais é possível encontrar uma máquina capaz de digerir os alimentos e transformar os nutrientes em energia, fazer com que os fluidos circulem, possibilitando a nutrição, a purificação, a reprodução e a renovação? Você chamaria isso de templo?

É impressionante a quantidade de recursos e possibilidades do corpo. E a mais importante das habilidades do organismo talvez seja purificar e curar a si próprio. Sim, é verdade que temos carros que transformam o combustível em energia, que fazem a água circular para refrigerar e limpar o veículo. Mas que outra máquina contém um sistema capaz de consertar os danos causados pelo próprio corpo?

Muitas pessoas consideram uma coisa corriqueira a capacidade do organismo de curar e purificar a si mesmo. Em geral, ele funciona com tamanha perfeição que mal pensamos nele. Porém, assim como qualquer outra máquina, sofre desgastes e precisa de manutenção constante. O estranho é que prestamos mais atenção às máquinas que possuímos do que ao nosso organismo. Por exemplo, abastecemos o carro com combustível de primeira linha e lubrificantes especiais. A seguir, nos esbaldamos com refeições de *fast-food*.

Pura sabedoria

Certo, sejamos justos: estamos cientes de que a manutenção dos dentes deve ser feita diariamente. Porém, muitos consideram os dentes como uma parte isolada do corpo (e não estou falando de dentaduras). Julgamos que o resto do corpo é diferente. Achamos que a saúde dele é permanente. Enquanto, na verdade, assim como os dentes, ele está em processo de deterioração – a menos que façamos algo a respeito, dia após dia.

Eis o que você deve fazer e os motivos para isso:

Durma bem. Por "bem" entenda-se: o número necessário de horas, entre oito e nove. E com qualidade – um sono profundo e relaxado. Durante o sono, o corpo cura e purifica a si próprio. Elimina as toxinas que foram acumuladas ao longo do dia. E isso ocorre em diferentes estágios do sono. Portanto, se você não reservar tempo suficiente para esse processo, seu organismo ainda ficará com impurezas. Permita que o processo se dê por completo e acordará revigorado. Além disso, começará o dia com um sorriso, em vez de uma careta. Durante o dia, se você sorrir ou fizer caretas, seu estado de espírito acompanhará esses movimentos. Por isso, durma bem.

Alimente-se de maneira adequada. O alimento fornece ao corpo o combustível para que ele funcione. Se você se alimentar mal, ele funcionará mal. Uma má alimentação ao longo de vários anos resultará em algo ainda pior: o mau funcionamento do organismo. Portanto, para manter a boa saúde, ingira proteínas de carnes magras, carboidratos complexos e verduras e legumes frescos. Ter uma alimentação adequada é simples assim. É claro que simples não é sinônimo de fácil. Contudo, com comprometimento e disciplina, isso é possível. Pouco a pouco, abandone o hábito de comer produtos enlatados e sintéticos. E, quando for às compras, lembre-se do seguinte: quanto menos

A compreensão correta

longa a data de validade do produto, mais longa e cheia de vigor será a vida.

Pratique exercícios. A maioria das pessoas acredita que ficar em forma, e mantê-la, para ter uma saúde perfeita é algo que requer tempo, esforço e envolve sofrimento. Porém, manter--se saudável tem mais a ver com escolhas sensatas do que com o trabalho pesado ou o excesso de atividades. O velho ditado "Sem sofrimento, não há ganhos" só tem sentido se você pretender vencer uma competição entre os mais musculosos, mas não é necessariamente verdadeiro se a intenção for ter uma boa saúde. Seu corpo foi criado para o movimento, e não para permanecer na mesma posição (senta-do) o dia inteiro. Assim, se puder se movi-mentar, faça isso. Acelere seu batimento cardíaco por no mínimo vinte minutos, três dias por semana. Direto ao ponto: pratique exercícios. A menos que queira ter uma morte precoce.

Não há como controlar a duração da vida, mas você pode acrescentar vitalidade à sua existência.

É óbvio que você não viverá para sem-pre. Não há como controlar a duração da vida, mas você pode acrescentar vitalidade à sua existência. Em outras palavras: é possível permanecer jovem por mais tempo. E a única maneira de fazer isso é dormir bem, alimentar-se de maneira sen-sata e praticar exercícios... ou então mentir quando lhe perguntam a idade.

FELICIDADE

Você continua sua busca? Está procurando a última peça do quebra-cabeça, a resposta ou o segredo que dará fim a essa busca? Passamos a maior parte da vida perseguindo isso. A todo momento, fazemos coisas para encontrar o que tanto queremos – uma felicidade duradoura.

O que não entendemos, contudo, é que toda essa busca, na verdade, nos distancia do lugar em que desejamos estar. Assim, damos continuidade ao grande esforço de atingir a meta impossível da felicidade duradoura. Durante esse processo, deixamos de olhar para o que realmente importa, e a vida nos passa ao largo. Mas não somos capazes de enxergar a armadilha. Por quê? Talvez porque isso nunca nos tenha sido explicado. Todos nós já ouvimos dizer que os bens materiais não trazem, necessariamente, a felicidade. Que a vida tem mais do que isso a oferecer. Mas pense o seguinte: a vida é sinônimo de mudança; portanto, as coisas nunca permanecerão do jeito que gostaríamos. Sempre estarão em processo de adaptação, crescimento, aperfeiçoamento, envelhecimento e deterioração. Até mesmo a felicidade mudará. Não se manterá a mesma constantemente. Estará num eterno ir e vir. E esse movimento talvez não se dê por igual. Como sabemos, os dias ruins nem sempre são seguidos de dias bons. Às vezes, passamos por fases terríveis que não são contadas em dias, mas em semanas,

Pura sabedoria

meses, até anos. Não há nenhum padrão, nenhuma certeza ou esperança de que a felicidade seja duradoura.

Mas não há problema nisso — se você permitir que seja assim. Pois não precisamos de uma felicidade duradoura, de uma felicidade maior ou que permaneça conosco por mais tempo. Não é isso que buscamos. O que realmente queremos é satisfação e alegria. A ótima notícia é que isso está ao nosso alcance. É algo que podemos controlar. Porém, para alcançar isso, primeiro temos de estar à vontade ao lado do incômodo. Eis como.

A felicidade surge quando a vida acontece da maneira que desejamos. Ela é acompanhada de sentimentos de prazer, conforto e satisfação. Por outro lado, a infelicidade aparece quando a vida se recusa a nos dar o que queremos. Como eu já disse, a vida nem sempre tomará o rumo que você deseja. Assim, o incômodo e o sofrimento são inevitáveis. No fim das contas, você tem duas opções: resistir ao sofrimento e aos incômodos ou acolhê-los. Recomendo a segunda opção.

Mas não me interprete mal. Não estou sugerindo que vá atrás do sofrimento, de maneira ativa, ou de algum tipo de autopunição. O que estou sugerindo é uma postura diferente: reconheça a dor, cumprimente-a, deixe que ela exista. De que modo? Preste atenção à dor em seu corpo. Permaneça com ela. Não tente evitá-la. Se você sente uma espécie de nó no estômago, volte o foco para esse incômodo e explore-o. Assim poderá transformá-lo. E, se a vida estiver caminhando bem, acolha esse prazer da mesma forma, sem se apegar a ele. Pois, quando nos apegamos, ficamos tensos. A felicidade e a alegria não implicam nenhuma tensão. Consistem na total aceitação da vida como ela é, a cada instante.

> A felicidade é amar o que é; e a infelicidade é amar o que não é.

A compreensão correta

Quero deixar claro: a felicidade é amar o que é; e a infelicidade é amar o que não é. Em outras palavras, a alegria não consiste em tornar a vida perfeita, mas em admitir que ela é perfeita como é. Portanto, exulte diante do prazer e da dor, do sol e da chuva. E permita que a vida seja como é. Assim, poderá viver com alegria.

CONHECIMENTO

Todos buscam o conhecimento e desejam saber mais. Queremos saber como estará o tempo amanhã, o que o outro está pensando ou como alcançar o sucesso. O conhecimento é um bem valioso, e estamos dispostos a pagar uma considerável quantia para obtê-lo. Se você tiver o conhecimento adequado, isso pode literalmente salvar sua vida. Ele é capaz de protegê-lo das garras da incerteza. Além de poder lhe garantir um emprego bem remunerado.

O problema com o conhecimento é que ele não é constante. Como tudo o mais na vida, está sempre mudando. Por exemplo, a comprovação de que a Terra é redonda substituiu a antiga crença em sua superfície plana. A teoria da relatividade de Einstein substituiu a teoria de Newton sobre o universo. Aparentemente, sempre que achamos ter chegado ao fundo, um novo nível se revela. Cada um dos níveis certamente tem utilidade, pois funciona como ponto de partida. Porém, o principal é que não existe um resultado final. Não existe uma verdade que seja fixa, e o aprendizado não tem fim.

Todos desejam passar a impressão de que sabem. Quantas vezes você já esteve numa sala de aula ou numa reunião e relutou em admitir que não sabia algo? Particularmente, tratava-se de um assunto que você deveria dominar.

Pura sabedoria

No caratê, vejo isso acontecendo o tempo todo. Pergunte aos alunos se eles conhecem uma determinada sequência de movimentos: nenhum deles admitirá que a desconhece. Olham para o chão, para os lados, e agem como se nem tivessem ouvido a pergunta. Pode parecer óbvio, mas, a menos que estejam dispostos a reconhecer que não sabem, nunca poderão aprender. Os alunos acham que se dão bem com esse tipo de artimanha, mas estão apenas enganando a si mesmos, não ao professor.

Por que, então, tamanha relutância em admitir que não temos determinada resposta? Bem, desde a infância, somos avaliados pelas coisas que conhecemos e censurados por desconhecer outras. A autoestima é baseada no conhecimento de coisas e fatos. Observe as pessoas mais autoconfiantes num grupo de debates; elas são as que sabem mais. Sem conhecimento, não se fazem comentários. Sem comentários, você passa para o segundo plano. Nenhum problema nisso, se você estiver jantando com amigos. Porém, se estiver tentando impressionar seu chefe, eis um fator limitador para a carreira profissional.

> O objetivo é ter conhecimento suficiente para que você não tenha de venerar ninguém. E suficiente o bastante para que tampouco precise olhar para ninguém com desprezo.

Mas vamos devagar. Há mais coisas na vida além da busca e da exibição de conhecimento. Em tudo, devemos buscar o equilíbrio. O objetivo é ter conhecimento suficiente para que você não tenha de venerar ninguém. E suficiente o bastante para que tampouco precise olhar para ninguém com desprezo. Se estiver com dificuldade para tratar as pessoas no mesmo nível que você, as dicas a seguir poderão ajudar.

Coletivamente, temos uma enorme quantidade de informações sobre o mundo em que vivemos. Porém, quanto mais sabemos,

A compreensão correta

mais descobrimos que não sabemos. Cada nova informação traz consigo uma nova pergunta. E existem algumas grandes questões ainda não respondidas. Faça um número considerável de perguntas e logo se encontrará num beco sem saída. Haverá sempre coisas que desconhecemos.

O conhecimento perde seu poder quando você o desarma com perguntas. Portanto, jamais consinta que uma pessoa com vasto conhecimento o faça sentir-se inferior. Por outro lado, nunca se permita ter um sentimento de superioridade em relação a quem sabe menos.

SORTE

Jogue uma moeda para o alto. Que resultado você obteve? Segundo a lei das probabilidades, são iguais as chances de tirar cara ou coroa. Jogue a moeda cem vezes seguidas; que resultado acha que terá? A maioria das pessoas pensa que haverá uma distribuição igual entre cara e coroa. Foi o resultado que obtive. O que não esperava era tirar "cara" quinze vezes, na sequência. Se a minha "escolha" tivesse sido "cara", concluiria que sou um grande mestre. E, se tivesse apostado dinheiro em "cara", nesta sequência, concluiria que tenho uma habilidade preciosa.

Mas nos esquecemos – foi o meu caso – de que a probabilidade de 50% de tirar "cara" ou "coroa" não significa que haverá uma distribuição por igual. A "cara" nem sempre é seguida da "coroa". Porém, quando obtemos uma sequência de resultados iguais, temos dificuldade de acreditar que isso seja aleatório. Assim, concluímos que provocamos isso, que não foi mera sorte. Ou, para ser mais preciso: se as coisas caminham do jeito que queremos, logo assumimos o mérito por isso. Caso contrário, rapidamente responsabilizamos alguém.

No fundo, sabemos que jamais podemos ter certeza a respeito de determinadas coisas. E isso não tem a ver apenas com o jogo de cara ou coroa. A vida está repleta de situações com resultados incertos. Assim, normalmente confundimos habilidade com sorte.

Pura sabedoria

Por exemplo: você lê um boletim informativo sobre negociação de ações. Ele faz uma série de previsões promissoras. Você investe, ganha uma bela quantia e então recomenda o boletim a seus amigos. Eles fazem o mesmo e perdem uma fortuna. O dinheiro que você ganhou se deve à habilidade de quem escreveu o boletim ou à sorte? Considere outra situação: você se inscreve numa agência de namoro *on-line*. Depois de uma série de encontros malsucedidos, conclui que a agência não é muito boa. Você dá o alerta a uma amiga solteira, recomendando-lhe que fuja do *site* da agência na internet. Ela ignora seu conselho, inscreve-se e ali encontra o futuro marido. A agência é ruim ou a culpa foi sua?

Dito de modo sucinto: quando a vida segue o rumo que desejamos, enxergamos padrões onde eles não existem. Passamos então a criar explicações para tais padrões. E tomamos decisões equivocadas com base nesse raciocínio. Se as coisas seguem um rumo indesejado, culpamos os outros. Mas não consideramos nossos erros como erros nem aprendemos com eles.

> Quando a vida segue o rumo que desejamos, enxergamos padrões onde eles não existem.

Nossa capacidade de detectar padrões ou de tirar conclusões pode ser útil ou se transformar em obstáculo. Sem ela, não veríamos nenhuma relação entre as ações e os resultados. Não haveria regras para alcançar o sucesso nem motivo para fazer planos. Por outro lado, a sensibilidade em relação aos padrões nos impede de reconhecer a existência do fator sorte. É uma situação delicada.

A verdade é que não há certeza alguma na vida. Portanto, nunca saberemos de fato se nossas ações terão resultado positivo. Mas que fique claro: podemos estar certos de que algumas coisas acontecerão com regularidade. Por exemplo: ao desembarcar de

A compreensão correta

um avião, você pisará no chão. Ao morder a língua, você sentirá dor. Da mesma forma, quando se trata de ter uma vida mais satisfatória, se suas ações forem sensatas, isso fará diferença.

Concluindo: se você passa por uma sucessão de fracassos na vida, talvez não seja culpa sua nem de ninguém. Isso talvez se deva apenas ao caráter aleatório da vida. Assim, não tome a situação de maneira pessoal nem pense que a vida é injusta ou que está punindo você. Não permita que sua autoestima seja depreciada pela má sorte. Lembre-se: o mundo não é injusto. O que você percebe como injustiça é interpretação sua.

M A E S T R I A

Para dominar uma atividade qualquer, são necessários tempo, foco e energia. A estrada é longa e espinhosa. Na verdade, é um caminho sem fim. E isso pertence mais ao plano ideal do que ao concreto. Haverá sempre um nível mais alto a que você poderá almejar. Por que, então, se preocupar? Para alguns, a motivação nasce da necessidade de ser reconhecido como um especialista, de ser o melhor ou de conquistar o respeito dos outros. Porém, a maestria vai muito além de um cobiçado título, e suas recompensas vão muito além do *status*.

Para ter domínio sobre o mundo "exterior", você precisa ter domínio sobre o mundo "interior". Em outras palavras, precisa de disciplina mental. E esse é justamente o aspecto desenvolvido pela busca da maestria: uma grande força de vontade e determinação. Trata-se de uma força que tem utilidade em todas as áreas da vida. Ela tem o poder de libertá-lo dos impulsos, dos maus hábitos e dos conflitos emocionais. Mas é bom esclarecer: no fim das contas, não se trata de uma arte ou de uma habilidade que você domina – trata-se de você mesmo.

Em certo sentido, todos nós somos mestres. Isso porque, para aprender a falar, ler e escrever, você precisou passar por um processo de aquisição de habilidades. Talvez não estivesse ciente desse processo ao aprender sua língua materna. Porém, se você

Pura sabedoria

aprendeu uma língua estrangeira quando adulto, sabe exatamente do que estou falando. No início, é estranho. Você confunde tempos verbais. Tem dificuldade para encontrar as palavras certas. Mas, com perseverança e por meio da repetição, fica mais fácil. Com o tempo, as palavras surgem naturalmente.

Para dominar qualquer arte ou habilidade, você tem de passar pelo mesmo processo. Isso requer horas de prática, e geralmente o progresso é lento ou pouco visível. No entanto, com perseverança, o aperfeiçoamento acontece. Em certo sentido, a maestria é simplesmente uma palavra alternativa para designar persistência. Você deve tolerar horas de repetições. Precisa se manter em atividade − mesmo nos momentos mais entediantes. Haverá ocasiões em que sentirá vontade de desistir, especialmente quando tiver atingido um determinado patamar. Contudo, mesmo que não haja sinais visíveis de progresso, confie no processo como um todo − você está melhorando. Mantenha-se firme em sua determinação. É muito comum que, depois de atingido um patamar plano, ocorra um período de aprendizado. E, à medida que você se aperfeiçoa nessa habilidade ou tarefa, o processo fica mais prazeroso.

Você deve estar disposto a tolerar um estágio incômodo.

É possível obter uma verdadeira satisfação enquanto se busca o pleno domínio em alguma atividade. E há sempre algo em que se pode buscar a maestria. Porém, antes de começar, lembre-se: você deve estar disposto a tolerar um estágio incômodo. Não há meios de evitar os períodos entediantes ao longo do caminho. Não há atalhos. O comprometimento será necessário. E os benefícios desse processo superam, de longe, as distrações que o levariam a desistir.

DESAPEGO

Contrariamente à crença popular, o desapego não tem nada a ver com a posse de objetos, mas sim com sua postura diante de suas posses. Por exemplo: se você possui uma quantia considerável de dinheiro, não há nada de errado nisso; porém, se não é capaz de imaginar a vida sem esse dinheiro, está apegado a ele. O mesmo vale para todas as suas posses. Se não consegue viver sem elas, está apegado.

O desapego é saudável. Seus benefícios são claros. Ele lhe dá liberdade. Protege você contra os manipuladores. Faz com que poupe energia e o mantém saudável.

Quando olhamos friamente para as coisas às quais estamos apegados, constatamos algo muito estranho. Criamos apego à cadeira em que sentamos, ao lado da cama em que dormimos, ou até mesmo à xícara de café que usamos. Porém, a maioria das pessoas não acha que tem apego a essas coisas. E eu consigo entender por quê. Vamos admitir: se você não tivesse essa cadeira para se sentar ou o objeto a que dá tanto valor, ou ainda se não pudesse dormir naquele lado da cama, logo superaria isso. Mas a pergunta-chave é: "Quanto tempo levaria?". Um bom termômetro para medir seu nível de apego é perguntar-se de quanto tempo precisa para superar a necessidade de possuir uma determinada coisa.

É bom esclarecer que essa necessidade de ter algo não é o mesmo que evitar algo. Assim, se você não puder dormir no lado

Pura sabedoria

predileto da cama, o desapego não implicará dormir no sofá – ou seja, evitar a situação. Isso seria um distanciamento. O desapego significaria continuar na cama e abrir mão de sua preferência, sem reclamar. Perceba que o desapego envolve uma mudança de atitude.

Isso talvez não seja uma grande revelação quando se trata de suas predileções. Mas pode ser revolucionário quando aplicado aos pensamentos.

Eu me explico.

A mente humana está repleta de pensamentos, os quais têm o poder de direcionar nosso comportamento. Por exemplo, há pessoas que pensam que dar é melhor do que receber; desse modo, hesitam em pedir coisas no momento em que mais precisam. Há aqueles que creem na existência do amor perfeito; assim, sentem-se mal por terem um relacionamento atrás do outro. Outros acreditam que não deveriam sofrer; com isso, criam estratégias para evitar o sofrimento, o que os impede de tomar decisões saudáveis.

O problema é que não refletimos sobre os pensamentos. Não notamos nosso apego a eles. E não percebemos como eles orientam nossa vida. Porém, há uma saída, um caminho rumo ao desapego: buscar a consciência e aprender a se importar menos com as coisas. Isso não significa que deva tentar interromper seu fluxo de pensamentos ou rechear os pensamentos negativos com o pensamento positivo. Tudo o que você deve compreender é que os pensamentos não são coisas. Você não precisa se apegar a eles nem deve permitir que se fixem em você.

> **Os pensamentos não são coisas. Você não precisa se apegar a eles nem deve permitir que se fixem em você.**

Você se dará conta quando estiver tendo progressos em relação ao desapego, pois seus pensamentos e preferências não terão grande impacto emocional sobre você. Porém, é preciso ser realista, pois sempre estará

A compreensão correta

apegado a algo; por exemplo, ao seu corpo ou à vida. Tudo o que precisa fazer é manter seu apego a objetos, pensamentos e predileções em um nível mínimo.

Por fim, também é sensato não se apegar a ninguém. Isso talvez pareça uma atitude distante, nada calorosa. Mas o desapego a um relacionamento não significa criar uma distância, afastar-se do outro, não se entregar plenamente a uma atividade. Essa atitude é de distanciamento. O desapego implica ter um comprometimento pleno sem permitir que sua autoestima ou felicidade dependam do outro. Ele dá ao relacionamento um espaço para respirar e a oportunidade de florescer.

PAZ

A paz de espírito deriva não do desejo de mudar ou controlar as coisas, mas simplesmente do ato de aceitá-las como são. Porém, aceitação não é o mesmo que apatia. Não significa falta de interesse, de entusiasmo ou de preocupação. Implica a aceitação do modo como as coisas são neste exato momento, sem ressentimentos, frustração ou irritação.

A aceitação lhe dá a experiência da verdadeira paz. Ela o liberta das preocupações. Pois, no momento em que você fica alterado, faz com que os problemas se tornem maiores do que realmente são. Portanto, em vez de se preocupar, controle aquilo que pode ser controlado e relaxe, esperando que a vida tome seu curso. Não há, de fato, muito a fazer para ajudar, em algumas situações. Mas você pode piorar a situação se passar o tempo se queixando do que não está correto. A paz de espírito nasce da compreensão de que nem sempre você será capaz de controlar a vida. Haverá momentos em que precisará largar as rédeas e deixar que a vida assuma o controle. Adotando essa atitude, poderá ter tranquilidade.

Quando você reage de maneira demasiadamente emotiva, a paz desaparece. Lembre-se: não há nada de errado com as emoções fortes, em si. Porém, se você deseja uma vida mais saudável e satisfatória, convém impedir que seja arrastado por elas. A consciência pode ajudar. Tendo consciência, você é capaz de observar

Pura sabedoria

suas emoções. Pode se tornar um observador distanciado, imune à forte influência que elas exercem. Para desenvolver essa capacidade, observe o que está acontecendo neste momento. Dê nome ao seu comportamento, pensamentos e sentimentos, à medida que forem surgindo. Diga a você mesmo: "Sinto raiva/irritação/frustração/sinto-me um otário". A seguir, observe as sensações físicas que acompanham tais pensamentos. Esse modo de encarar os eventos associados às emoções o levará a tomar decisões mais sensatas e a um comportamento mais construtivo. Mas isso requer prática. Portanto, não exija demais de você caso compreenda o raciocínio mas não consiga pô-lo em prática imediatamente. Dê um passo por vez, caminhe aos poucos e, com perseverança, a melhora começará a aparecer.

Quando prestamos atenção ao momento presente, encontramos a paz. Libertamo-nos das preocupações, dos julgamentos e da necessidade de "chegar lá". Em certo sentido, as coisas às quais não damos atenção não existem, para nós. O que os olhos não veem o coração não sente. Elas desaparecem de nosso mundo.

Talvez seja por isso que as pessoas agem como avestruzes sempre que querem fugir de experiências desagradáveis. Mas o que importa aqui não é fugir das dificuldades da vida, e sim olhá-las diretamente e dizer: "Eu estou vendo você". Só então deve apresentar uma resposta apropriada para a situação. Lembre-se: reagir de maneira desequilibrada é o melhor modo de perder seu estado de tranquilidade.

Quando prestamos atenção ao momento presente, encontramos a paz.

Há uma parte dentro de você que é perfeita, serena e calma. Está imune às tempestades e aos fortes ventos que o sacodem ao longo da vida. Portanto, quando o fardo se tornar excessivo, refugie-se em seu interior.

A compreensão correta

Conecte-se com sua consciência pura. É no centro de seu ser que encontrará a clareza necessária para melhorar a situação. Abandone as posturas e os pensamentos costumeiros. Dê nova expressão a eles. Desse modo, viverá mais em paz.

P O D E R

Em geral, poder é uma palavra mal compreendida. Sobretudo porque as pessoas que vemos exercendo o poder são as que abusam dele. Porém, o poder é uma força positiva. Quando exercido pelas pessoas certas, pode conduzir a uma mudança positiva. Por exemplo, os pais usam o poder para influenciar o caráter e o desenvolvimento dos filhos. Os líderes empresariais valem-se habilmente de seu poder para promover o interesse de suas empresas. Os vendedores influenciam os clientes no momento em que estes decidem comprar algo. Quando entendemos o poder como a capacidade de influenciar, damos a ele uma conotação positiva.

Porém, o poder não se limita às outras pessoas. Ele também é importante para sua própria sensação de bem-estar. Isso porque nos dá a sensação de controle sobre nosso ambiente. E, como vários estudos na área de psicologia já demonstraram, as pessoas que têm a sensação de controle são mais saudáveis e têm uma vida mais satisfatória. Por outro lado, quando se encontram numa situação em que têm pouco controle, ficam estressadas e menos autoconfiantes. Em suma: o poder faz

> O poder faz bem à saúde. Você precisa dele para operar mudanças positivas na vida.

Pura sabedoria

bem à saúde. Você precisa dele para operar mudanças positivas na vida. Portanto, não renuncie a ele facilmente.

Para alguns, a mera ideia de ter de defender as próprias ideias e lutar pelo poder já é suficiente para fazê-los recuar. A busca do poder não é algo que agrade a todos. A necessidade de cada pessoa de ter poder é única. Há aquelas que gostam de persuadir os outros a agir do modo que acham melhor. Outras querem ter apenas uma vida sossegada e se satisfazem com o cumprimento de ordens. A maioria das pessoas odeia brigar. Elas se distanciam de situações conflitantes. Portanto, se você lida bem com o conflito e anseia tornar-se um líder, levará vantagem em relação aos seus pares.

Porém, mesmo que seu objetivo não seja tornar-se um líder ou alguém que influencie os outros, é sensato proteger-se daqueles que tentam exercer um poder abusivo sobre você. Em relacionamentos pessoais, temos de lidar, às vezes, com pessoas que tentam nos manipular ou explorar. No local de trabalho, é comum termos de enfrentar chefes e colegas que nos tratam como peões. Portanto, esteja preparado.

Em geral, você abdica do poder no momento em que fica demasiadamente preocupado com a opinião alheia. É claro que é importante construir uma boa reputação e ter algum controle sobre a percepção dos outros. Porém, quando a preocupação de agradar aos outros ou de ter uma boa imagem é excessiva, ficamos vulneráveis ao abuso. Se você quer se proteger, crie sua própria autoimagem. Não permita que os outros determinem seu valor. Lembre-se: a autêntica confiança nasce dentro de nós, e o mesmo vale para o autêntico poder.

Não permita que os outros determinem seu valor.

E, caso você tenha ambições de tornar-se um líder, ou alguém que influencia os

A compreensão correta

outros, entenda uma coisa: uma pessoa compassiva exerce um poder mais eficaz do que uma pessoa musculosa. No caratê, aprendemos que o poder não está na força, mas no uso adequado da força. Há mais poder numa mão espalmada do que em um punho cerrado. E não estou me referindo à eficácia do *chop* [golpe de caratê] em relação ao soco. Quando usado de maneira compassiva, o poder tem uma força fantástica. Ele tem o potencial de melhorar a vida de muita gente.

OBJETIVO

Para quê? Existe um porquê? Poucos são os que vivem sem dedicar uma parte de seu pensamento ao porquê de sua existência. É possível que jamais tenhamos uma resposta definitiva para esse tipo de questão. Nesse meio-tempo, contudo, podemos fazer uso de tudo que sabemos para tirar o máximo proveito da vida.

Pesquisas sugerem que a melhor maneira de sentir-se realizado na vida é explorar todo o nosso potencial e retribuir as coisas que recebemos. O problema é que muitas pessoas mal sabem quem são neste momento, muito menos o que seu potencial lhes permite ser. A maioria é tão influenciada pela opinião alheia que acaba perdendo a noção de quem são como pessoas. Além disso, são influenciadas pelas normas sociais ou por formas preestabelecidas de viver e trabalhar. Aquilo que já conhecemos: um emprego estável, uma renda estável, um relacionamento estável e assim por diante. Em pouco tempo, a vida ganha tamanha estabilidade que não se movimenta mais. Fica estagnada. Carece de objetivos e de paixão.

Todo mundo tem algo a oferecer. Porém, somente você é capaz de dizer qual é a sua contribuição – nem o seu professor, nem seu pai, nem sua esposa/seu marido. Talvez você já saiba qual é seu objetivo; mas, devido à falta de estímulo ou apoio, desistiu de batalhar por ele. No entanto, assim como não se espera que você viva para agradar aos outros, não espere que os outros ajam da

Pura sabedoria

maneira que você julga mais adequada. Quando você se compromete com um determinado caminho, se ele for o caminho certo, a vida lhe dará todo o apoio de que você precisa. Assim, não hesite. Lembre-se: todos nós somos capazes de fazer a diferença.

Portanto, se você não tem outro objetivo na vida além de pagar as contas, chegou a hora de buscá-lo. Esse objetivo pode estar oculto, mas não significa que não possa ser encontrado. Tudo o que você precisa saber é onde procurá-lo. O melhor lugar para iniciar essa busca é no passado. Pense nos momentos em que se sentiu profundamente satisfeito e realizado. O que estava *fazendo*, na época? O que estava *sendo*? Tente se lembrar de outros exemplos parecidos e logo notará que existe um padrão. E que há uma série de atividades que lhe permitem ser um determinado tipo de pessoa e sentir-se muito bem em relação a isso. Essa é a pista que o ajudará a descobrir seus talentos.

> **Quando você se compromete com um determinado caminho, se ele for o caminho certo, a vida lhe dará todo o apoio de que você precisa.**

A seguir, sua tarefa será desenvolvê-los ao máximo. Assim, se você escreve bem, aperfeiçoe sua escrita. Se tem boa didática, torne-se professor. Se seu dom é proporcionar um bom entretenimento aos outros, atue nessa área. Busque, então, uma maneira de aplicar seus talentos no mundo, em benefício das pessoas. Pois o objetivo está relacionado ao ato de dar e receber. E, como você provavelmente já sabe, dar produz maior satisfação do que apenas receber.

Em suma, esse é o sentido da palavra "objetivo". Descobrir. Desenvolver-se. Usar. Estou falando dos seus melhores e mais benéficos talentos, é claro.

SUCESSO

Você se lembra do que queria ser quando criança? Nessa fase, para mim tudo parecia possível. Eu queria ser músico, ator, apresentador, médico... tudo menos escritor. Porém, aos poucos, a idade foi limitando minhas opções, à medida que percebi que meu potencial e minha paixão eram mais importantes do que o leque de possibilidades diante de mim.

Até que, de repente, a idade começou a pesar novamente. As possibilidades se transformaram num monstro medonho – as impossibilidades. E, dessa vez, assim como aconteceu com minha idade, eu não era favorecido pelo potencial nem pela paixão. Já tinha 30 anos, sofrera uma lesão que impunha limites à minha carreira e sabia que nunca me tornaria um campeão mundial de caratê. Era isso, fim de papo. Mas como assim? Eu tinha talento, desejo e determinação. Havia treinado com os melhores, lutado contra os melhores, mas jamais seria o número 1 do mundo. Perdera o bonde. Em suma: jamais realizaria todo o meu potencial.

Em vão, tentava me consolar analisando os motivos que me levaram a essa situação. Ainda assim, era doloroso. A meu ver, eu fracassara. E nenhum aprendizado a partir dos erros seria capaz de ajudar. Se você perdeu o bonde, perdeu. Não que eu me considerasse um completo fracasso. Poderia ter listado uma série de

Pura sabedoria

conquistas que fariam minha mãe se orgulhar de mim. Porém, àquela altura da vida, não dava grande valor a isso.

O sucesso não se limita à conquista de algo – títulos, fama, segurança financeira. Consiste em perseguir seu sonho, de corpo e alma, mas com a lembrança reconfortante de que, se não conseguir realizá-lo, sempre terá algo mais a oferecer. Adotando essa mentalidade, não sobra muito espaço para a decepção. Pois, atingindo ou não o alvo, você sempre terá algo a dar. É certo que, no meu caso, já era tarde demais para aprender com os erros e fazer novas tentativas. Porém, não era tarde demais para mostrar às outras pessoas como evitá-los.

Pense no seguinte. O autêntico sucesso não consiste no prêmio, mas naquilo que você se torna como jogador ou participante. Esse é o centro da questão: você não participa com o intuito de provar algo – ser o melhor, o campeão mundial ou o que for. Participa para que, um dia, possa demonstrar aos outros o indivíduo em que se transformou. E sua demonstração passará a ser seu ensinamento. Lembre-se: o comportamento é contagioso. A extrema qualidade que está em você alimentará a qualidade dos outros. Sendo ou não o número 1 do mundo, você será o estímulo de que eles precisam para ter autoconfiança. Você incentivará o desafio "Se ele pode, eu também posso".

Se existe um caminho certo rumo ao sucesso, é o seguinte: descubra o seu talento, desenvolva-o e apresente ao mundo o resultado de sua transformação como pessoa. Para o bem dos outros e para você mesmo.

> O autêntico sucesso não consiste no prêmio, mas naquilo que você se torna como jogador ou participante.

T E M P O

O tempo é um mistério. Não pode ser visto, tocado, ouvido nem cheirado. Porém, a maioria das pessoas acredita nele. Acreditamos na existência de um enorme relógio "lá fora", que marca a hora exata. Na realidade, isso não existe. Mas, em nosso mundo, o tempo é tudo. Nossa vida inteira é organizada ao redor dele.

Quando examinamos o tempo de maneira mais detida, notamos que ele é uma construção da mente humana. Não passa de um conceito, de uma ideia que descreve o processo de mudanças. Pense nisso. De que modo marcamos as horas?[6] Fazemos isso por meio da observação das mudanças do Sol, da Lua ou do solstício. Mas essas idas e vindas não cabem dentro de unidades de tempo iguais; portanto, falsificamos os números para poder dar ordem a um mundo que não é tão ordenado quanto gostaríamos.

Por exemplo, cada ciclo lunar dura aproximadamente 29,5 dias solares, mas fazemos adaptações com os dias no período de um mês, de modo que tenhamos doze meses em um ano. Dizemos que o ano tem 365 dias, o que significa que a Terra leva 365 dias para dar a volta ao redor do Sol. Quando, na verdade, ela leva 365 dias e mais $\frac{1}{4}$ de dia. Assim, a cada ano é acrescentado $\frac{1}{4}$ de dia. Mais uma vez, manipulamos os números e, a cada quatro anos,

---

[6] No original, *time*, que também significa "tempo". (N. T.)

Pura sabedoria

adicionamos esse dia extra ao mês mais curto, fevereiro. Literalmente: criamos um tempo adicional.

O tempo pode não ser real, mas ele tem uma verdadeira importância. Na realidade, se não existisse o tempo, não seríamos capazes de fazer muita coisa. Em todos os sentidos da palavra, precisamos de prazos. Precisamos do receio de não conseguir cumprir determinada tarefa, do receio de não ter tempo suficiente para dar o nosso melhor. Porém, o tempo traz outros benefícios. Ele facilita a comunicação entre as pessoas, a ligação entre elas, seus encontros. É uma maneira de medir o progresso. Além de ser excelente para curar as feridas.

O tempo certamente tem suas utilidades. Porém, se você não tomar cuidado, poderá ser usado por ele. Pois muitos consideram que há coisas demais a fazer e não há tempo suficiente. Assim, em vez de se sentirem motivados pelo tempo, sentem-se pressionados. Para outros, não há muito que fazer e tempo de sobra. Então, em vez de perceberem que têm tempo livre à vontade, ficam entediados e sofrem com o excesso de tempo. Achamos que essa é a maneira natural das coisas, mas não há necessidade de ter esse tipo de relação com o tempo. Ele não precisa ser medido em horas, minutos e segundos.

O tempo é um produto da mente. Mude a mentalidade e sua percepção de tempo mudará. Portanto, abandone pensamentos que enfatizem a urgência do tempo, tais como "O tempo está acabando", "Não há tempo suficiente" e outros do gênero. E permaneça no presente: se estiver comendo, não faça outra coisa. Se estiver pensando, faça apenas isso. É assim que nos livramos das amarras do tempo.

> **O tempo é um produto da mente. Mude a mentalidade e sua percepção de tempo mudará.**

E, se você acha que dispõe de tempo em excesso, pare de lutar contra ele. Faça uma

A compreensão correta

pausa. Pare de fazer esforço. Desvie-se do curso do tempo. Lembre-se: talvez você tenha menos a *fazer*, mas pode *ser* cada vez mais.

Concluindo: nosso grande desejo não é ter mais tempo, nem menos. O que queremos é nos livrar dele. Portanto, abandone a ilusão do tempo, mas continue vivendo com ele, sem deixar que o controle.

V A L O R E S

O que você valoriza na vida? Há pessoas que valorizam a família e os amigos. Outras, a liberdade de escolha e a independência. Todos atribuem valor a alguma coisa. Em geral, consideramos que a vida gravita naturalmente em torno daquilo que é mais importante para nós. Somos criaturas estranhas. Chegamos a nos endividar apenas para comprar objetos que possam impressionar pessoas de que não gostamos. Porém, se não formos fiéis aos nossos valores, jamais ficaremos satisfeitos.

Além disso, é comum fazermos certas coisas simplesmente porque são aquilo que os outros esperam de nós. Por exemplo, seus pais deviam considerar importante que você seguisse determinada carreira. Então o estimularam a percorrer certo caminho. Para não os decepcionar, talvez você tenha feito o que eles desejavam. Hoje, odeia seu emprego e sua profissão. Frequentemente, tentamos agradar aos outros e perdemos de vista o que queremos fazer. É quando ficamos infelizes e insatisfeitos.

Pouco importa o que você faz ou os caminhos que trilha; cada ação que realiza tem o intuito de satisfazer uma necessidade. Se ela é bem-sucedida, e sua necessidade é satisfeita, você sente prazer. Se não é, você sofre.

Veja o exemplo da alimentação. Trata-se de uma necessidade básica. Todos buscam a sobrevivência, e, para isso, a alimentação é

Pura sabedoria

fundamental. Para satisfazer essa necessidade, você trabalha. Ao fazer isso, o tipo de profissão que escolhe será capaz de satisfazer uma necessidade mais importante. Talvez você tenha, digamos, a necessidade de reconhecimento. Não me refiro ao tapinha nas costas dado pelo chefe, mas ao desejo de ver seu rosto na tela da TV, nos jornais e assim por diante. Se você se interessa por música, e tem boa voz, pode decidir seguir a carreira de cantor, já que isso talvez aumente sua chance de visibilidade diante do público.

Porém, se sua necessidade de reconhecimento, embora seja grande, não é satisfeita em nenhuma outra área da vida, você pode se sentir tentado a buscar uma solução rápida. Talvez faça algo que, embora contrarie seus valores, satisfaz suas necessidades. O fato é que, às vezes, em sua premência de satisfazê-las, você se distancia de seus valores. A necessidade sempre terá um apelo mais forte do que um valor. Porém, ambos devem estar em sintonia, para que haja plena satisfação na vida.

> **Às vezes, em sua premência de satisfazer as necessidades, você se distancia de seus valores.**

Suas necessidades estão em sintonia com seus valores? Caso não estejam, que fatores têm contribuído para isso? Considere a gravidade de cada situação em que tal sintonia não existe. Identifique as suas necessidades essenciais e coloque-as em sintonia com as coisas que são mais importantes para você. A seguir, use essa informação para nortear suas decisões e ações. Lembre-se: a vida sempre será mais satisfatória se suas necessidades e valores estiverem em sintonia.

SABEDORIA

A sabedoria é o auge do desenvolvimento humano. E, involuntariamente, acabou sendo o tema do último capítulo deste livro. Mas o que é, exatamente, a sabedoria? Não é fácil defini-la. Na verdade, não há uma opinião consensual sobre isso, apesar de muitos concordarem que é de suma importância. Talvez nunca consigamos uma definição concisa, o que não significa que seja algo raso ou idealizado. Como tentei demonstrar neste livro, a sabedoria tem uma natureza prática e implicações na vida cotidiana.

Todos têm uma compreensão intuitiva sobre o significado da sabedoria. O desafio, contudo, é transformar em ação o conhecimento que se tem sobre ela. Não é uma tarefa fácil. Ninguém nasce sábio. A sabedoria é desenvolvida a partir da experiência e da prática. Assim, quanto mais idosa a pessoa, maior será a probabilidade de ela ser sábia. Por outro lado, a sabedoria não pode ser medida pela quantidade de cabelos brancos. Não é um prêmio que nos é concedido ao ficar velhos. Assim como inúmeras outras qualidades humanas, ela deve ser conquistada por meio da dedicação e da disposição de mudar.

À medida que envelhecemos, a sabedoria nos prepara para enfrentar a deterioração física e, por fim, a morte. Mas por que esperar até o momento de entrar no asilo para começar a

Pura sabedoria

buscá-la? A maioria das pessoas passa a juventude inteira tentando adquirir conhecimentos. Isso porque todos querem ter a melhor vida possível. E o conhecimento pode nos ajudar nessa busca. Porém, deixamos de compreender o seguinte: para ter domínio sobre o mundo exterior, precisamos do conhecimento; mas é a sabedoria que nos permitirá ter domínio sobre o mundo interior. Em suma: se há turbulência em nosso interior, o conhecimento intelectual será de pouca valia.

É verdade que as informações nos ajudam a tomar decisões mais sensatas para melhorar a vida interior. Contudo, o que mais importa, no fundo, é a capacidade de assimilar esse conhecimento, de unificar suas partes e de visualizar o quadro como um todo. As pessoas sábias têm noção de perspectiva. Elas coletam informações para poder enxergar de vários ângulos. Sabem o que importa e o que devem ignorar. Vão diretamente ao ponto central da questão. E compreendem que a aquisição de conhecimento é um aspecto importante da sabedoria. Porém, acima de tudo, entendem que as pessoas inteligentes nem sempre são sábias.

> **A sabedoria deve ser conquistada por meio da dedicação e da disposição de mudar.**

Um último comentário a respeito do "conhecimento". Os sábios estão cientes de que todo tipo de conhecimento está sujeito a questionamentos. Assim, eles renunciam à crença no conhecimento absoluto. Hábeis, têm a percepção equilibrada de que só encontramos o fundo se cairmos num poço sem fundo. Ou seja, sabem que existem infinitos modos de olhar para uma determinada questão. Assim, hesitam em tirar conclusões precipitadas ou em difundir seu conhecimento como se ele correspondesse à verdade. Admitem a própria ignorância em relação

A compreensão correta

a muitas coisas. Porém, são capazes de usar sua compreensão do momento atual para viver da melhor forma possível. Assim concluo este livro, esperando que esse também seja o seu caso.

Outros Lançamentos Da Integrare Editora

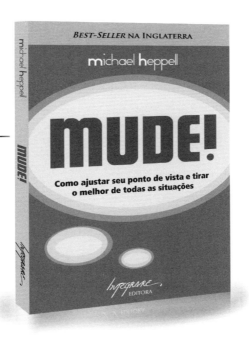

Mude!
Como ajustar seu ponto de vista
e tirar o melhor de todas as situações

Autor: Michel Heppell
ISBN: 978-85-99362-64-8
Número de páginas: 224
Formato: 14 x 21 cm

CONHEÇA AS NOSSAS MÍDIAS

www.twitter.com/integrare_edit
www.integrareeditora.com.br/blog
www.facebook.com/integrare

www.integrareeditora.com.br